职业技术培训教材 Zhiye Jishu Peixun Jiaocai

Xinyidai Jisuanji Sulu Jishu

新一代计算机速录技术（五笔）

主编 王耀昶 姚圣超 刘工
主审 戴丽华

中国劳动社会保障出版社

图书在版编目(CIP)数据

新一代计算机速录技术（五笔）/王耀昶，姚圣超，刘工主编. —北京：中国劳动社会保障出版社，2011

职业技术培训教材

ISBN 978-7-5045-9338-2

Ⅰ.①新… Ⅱ.①王…②姚…③刘… Ⅲ.①五笔字型输入法-教材 Ⅳ.①TP391.1

中国版本图书馆 CIP 数据核字(2011)第 214962 号

中国劳动社会保障出版社出版发行

（北京市惠新东街 1 号 邮政编码：100029）

出版人：张梦欣

*

北京北苑印刷有限责任公司印刷装订 新华书店经销

787 毫米×1092 毫米 16 开本 15.5 印张 292 千字

2011 年 11 月第 1 版 2016 年 12 月第 4 次印刷

定价：30.00 元

读者服务部电话：(010) 64929211/64921644/84626437

营销部电话：(010) 64961894

出版社网址：http://www.class.com.cn

内容简介

本五笔速录教材采用新一代世界通用速录系统，与拼音速录教材组成姐妹篇。该速录系统采用全世界华人通用的大众输入法（如搜狗、谷歌智能拼音输入法、五笔输入法等），因此易学、快速是其最大特点；采用世界通用的计算机键盘做速录，经济且适用于各行各业；采用世界通用的速录打法——双手并击打法，可使中文和英文打字速度翻两番。

本教材结合上海市对“速录师”职业标准的提升而开发，在编写过程中根据速录师职业的工作特点，以能力培养为根本出发点，除适用于 BPO 服务外包企业和数据录入工作外，也适用于全国各地的速录师职业培训和职业资格鉴定考核，以及供各类文字信息工作者参考学习，如书记员、会议记录人员、新闻记者、广播电视创作人员、各类文秘办公人员、文字录入人员、网络办公人员、电子商务人员、呼叫中心坐席员等。

由于篇幅限制，本书练习部分只收取了一些有代表性的内容，要想具有扎实的基本功，只进行书中的练习是远远不够的。学员在培训过程中如需更多练习，可通过网络到飞耀速录群 QQ：501933984 联系索取。

本教材在编写过程中得到了上海市速录协会及上海力源职业技术培训中心的大力协助，在此一并表示感谢。

为便于学员学习和练习，本书提供了网络素材，下载地址是：http://www.class.com.cn/datas/6/20101060940.rar。

目　录

第八章 五笔速录的拆字基础

第九章 五笔字双手并击打法

第十章 五笔单字练习

第一章

概　论

第一节　速录与打字、速记的区别

只要用计算机录入，都用得上速录方式。现在，社会已经发展到向计算机键盘要效率的时代，新一轮的“世界办公室”竞争首先是计算机键盘录入速度的竞争。速录技能是网络和信息产业发展的必然产物。政治、经济、日常交流已经网络化、键盘化，如果不会键盘办公和键盘沟通就是网络时代新的“文盲”。“速录”被称为网络时代的“换笔”。计算机速录技术已经成为高效办公的代名词。

一、速录与打字的区别

速录与打字的区别主要有四个方面：

1. 打字方式不同

一般打字时用的普通打法每次击键只敲击一个键位，输入一个字符，即一指一键打法（串行输入）。而速录采用的是“双手并击”录入方式，这种打法是双手同时敲击键盘，每次敲击 2 ~ 4 个键位，输入两个字符（并行输入）。具体来说：

用串行方式录入文字称为打字方式。传统的一次击一键的录入方式每一次击键只录入一个字符信息，犹如单车道行车，一辆跟一辆地通过，因此叫做串行输入。

用并行方式录入文字称为速录方式。双手多指同时敲击键盘叫做“双手并击”，每一次击键可录入两个字符信息，这种录入方式犹如多车道并行行驶，不再是一辆一辆地通过，而是两辆两辆并排行驶，因此叫做并行输入。显然对同一个人来说，并行录入方式的速度要比串行录入方式快两倍甚至更多。

“双手并击”是速录方式最基本的特征，没有“双手并击”的击键方式都称为打字方式。世界各国的速录都采用“双手并击”方式。

为什么要采用“双手并击”录入方式？主要有两个目的：

一是要达到打字速度快一倍，即速度翻一番的目的。一般职业打字员速度是每分钟 70 ~ 110 字，如果不采用“双手并击”方法很难获得每分钟 140 ~ 220 字的录入速度。过去，很多人想用单纯改善输入法的方法提高录入速度都没有明显成效，只有改用“双手并击”的方法才是最有效的。

速录是一门“双手打字绝技”，就像双手写对联那样是一种使用双脑双笔的书法绝技。以往都认为打字快全依赖于人的“手快”，其实，人的“手快”是有限的，采用“双手并击”打法会使录入快上加快，是能够让普通人打字速度翻一番的最有效的方法。

二是采用“双手并击”方式速录比打字更利于学习。双手并击时双手同时刺激左右脑，属于全脑型工作。现代脑科学研究的结果认为，全脑学习比单脑学习效率高。实践证明，采用双手并击方法学习，比采用普通打法的学习效果明显提高。

2. 速度上有区别

速录的平均速度比打字快两倍以上。

一般人的打字速度都在每分钟 70 字以下，职业打字员的速度在每分钟 70 ~ 110 字。采用速录方式时，一般人的速度超过每分钟 80 字，专业速录人员至少都要超过每分钟 140 字（初级速录员），中级速录师在每分钟 180 字以上，高级速录师在每分钟 220 字以上。

因此，掌握了速录技术，办公和交流效率都将获得显著提高，速录对个人、企业和国家有着广泛的社会意义和经济意义。

3. 看打和听打的区别

传统打字一般是看打，也即看着文字稿录入。这种录入是从书本文字转为计算机文本文字，字、词、段落、文章结构，一切都是已知的，即使有不认识的字也可以打出来，对于不认识的外文词，只要认识字母就可以打出来。

速录除可以看打外，更主要的是要完成听打的任务。听打，就是把听到的语音信息转换为计算机文本文字，是从语音到文字的转换。

4. 对从业人员综合素质的要求不同

打字员只需要在办公室里完成工作，而职业速录师要参加各种会议、论坛的现场或网络直播现场，需要具有一定的礼仪素质。

一般打字员的文化水平不一定要高，有初中文化就可以。而速录要求录入人员有广泛的知识，否则对英文、古诗文、各种专业术语等，听不懂就打不出来。因此，学习速录不仅是学打字的问题，还要掌握广博的知识。一个高级速录师不仅要懂中文，还要具有外语听打基础。现代的中国已经成为世界关注的焦点，几乎在每一个层面上都有涉外环节，一个中国速录师如果不会英文速录，就称不上是高级速录师。中英文双料速录师是最有前途的职业速录师。

二、速录与速记的区别

速记是速录的一个分支。在没有计算机录入之前，都采用手写速记，有了计算机录入之后，又出现了计算机速记。计算机速记的对象是人的语言信息，把语言信息实时转换为文字信息叫做速记。也就是说，速记应满足两个条件：一是其记录速度应能跟上人的讲话速度；二是现场记录，而不是后期记录。那种整理录音资料的工作严格地说不是速记而是速录。

计算机服务的对象几乎囊括了所有领域，速录已渗透到这些领域并发挥着高效的作用，而速记只是这些广泛领域之一。

速记所需要的不仅仅是速度，更需要知识和文学功底。确切地说，需要的是三分手功，七分知识。一个好的速录师，应做到“听则能懂、懂则能打、打则成文、文准意达”。在如今知识爆炸的时代里，一个人能听得懂各行各业专家的语言是很难做到的，听不懂则打不出来，所以，只“听则能懂”这一句话就比较难做到；“打则成文、文准意达”则还要求有比较好的文学功底。因此，现场速记称得上是速录领域中的一个高端技能。

第二节　五笔速录与五笔打字的区别

五笔打字是指使用一般的键盘输入方法（串行输入）录入文字，而五笔速录是指使用双手并击输入方法（并行输入）录入文字。两者的不同之处见下表：

	五笔打字	五笔速录
打法	一般打法，一指一键 一拍输入一个字根	双手并击，多指多键 一拍输入两个字根
字根记忆	需两步：第一步，拆字根；第二步，记忆字根在键盘上的布局	只需一步：拆字根（把字根按字母记忆）
字根练习	需要专门练习字根	无须练习字根，直接练习单字
一级简码	字符＋空格，打两拍	字符＋空格，打一拍
二级简码	字符＋字符＋空格，打三拍	两字符与空格一起并击，只用一拍
学习流程	键盘指法→熟悉字根键位→拆字方法→打字	双手并击打法→英文打法→熟悉字根与字母的对应关系→拆字方法→打字→提速→速记技能

五笔速录的显著特征是双手并击，每拍输入两个字根，且空格与字根同时并击不占拍，因此五笔速录的速度比五笔打字快两倍以上。

第二章

飞耀五笔速录培训要点

第一节　飞耀速录教学的一般流程

到 BPO 服务外包企业从事速录工作的一般要求是：汉字录入速度达到每分钟 120 字，英文录入速度达到每分钟 260 字符，数字录入速度达到每分钟 260 字符。为达到此录入速度指标，培训分为四个阶段。

一、第一阶段：手的操作

学速录的初级阶段主要是解决手的问题。手的问题主要是“弹”和手型，即：

1. 第一时间要学会“弹”

“弹”是速录之首，是手法入门的第一关，不掌握好“弹”则手速无法提升。

2. 指法练习阶段

指法是指手型及弹键的协调性，要求在初级阶段就养成高级速录师所应具有的指法。

二、第二阶段：连贯练习

1. 字符及汉字的连贯练习

键与键之间的时间间隔小于 0.2 秒称为连贯。练习连贯是提高脑速的基本方法，是所有速录练习过程的生命线。

无论是练习字符、文字、词或句子，其根本目的都是为了提高连贯的质量。

2. 英文连贯练习

三、第三阶段：五笔拆字与练习

1. 学会快速拆字

拆字就是把汉字分解成几个按序排列的字根。

2. 熟悉拆字规则

3. 各类五笔字练习

包括一级简码、二级简码、全码五笔字的练习。

4. 五笔字实战练习

四、第四阶段：综合练习

综合练习是指数字双手并击打法的练习和实战文字练习（包括各种手写体的辨认）。

第二节 速录教学的特点和要注意的问题

一、速录教学的特点

速录教学不同于一般的技能课教学，也不同于一般的文理科教学，其教学特点如下：

1. 学习进度不一

即使是统一招生、同一文化水平、同一年龄段的学生，学习进度都有很大差别，因此要因人施教。

2. 初学时不宜一味求快

多年的教学经验证明，初学时学得慢的学生，往往是将来学得好的，因为他们遵循了循序渐进的原理。

3. 提倡集体学习

集体学习气氛浓、有竞争，因此比自学效果好。

4. 提倡集中训练

第一阶段对手功的训练一定要集中时间练习，此阶段最忌讳三天打鱼两天晒网。

5. 注重心理辅导

在影响速录学习效果的因素中，学生的心态最重要，老师要注重运用心理学来辅导学生。

6. 强调基本功

基本功教学一定要扎实，基础越好，速度上得越快，成功一定要建立在基本功的基础上。

二、速录教学要注意的问题之一——坚持“一元化”教学原则

在数学中，解一个未知数比同时解两个未知数要容易。在速录教学中，常常有需要解两个“未知数”的时候，例如既要打准，又要打快，快和准这两个“未知数”该怎么解？怎么实现？最好的方法是坚持“一元化”教学方法，把一个学习过程分为若干阶段，每个阶段只解一个“未知数”。

例如，要解决提高速度和准确率的问题，可以采用上台阶的方式。初学者首先要解决把键位打准的问题，这期间求准是主要的。求准后，就要暂时牺牲一些准确率（政治文章不得降低到98%，一般文章不得降低到80%，文学类文章不得降低到70%），进入提速过程。提速期间暂时牺牲一些准确率是自然的，只要准确率不低于70%，就可以大胆地往上

提速。速度提到一定程度时，准确率会继续下降，直到接近70%，把速度就稳定在这一临界水平上（不可继续提速）转入求准阶段。把准确率提高到98%后，再进入新一轮提速，几个阶段之后，把速度和准确率都提高到预定的水平。

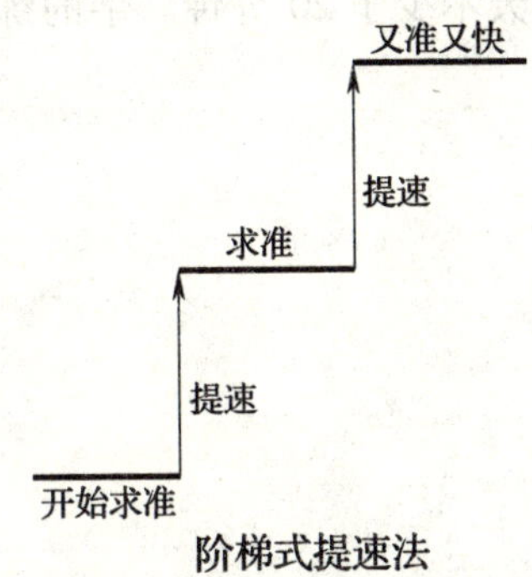

阶梯式提速法

再如，听打和看打如何安排最有效也是一个问题。有些人看打到每分钟60字就开始练听打了，想同时解决看打和听打两个问题。为时过早，操之过急则适得其反，其实是浪费时间。如果先看打到每分钟160字再练习听打，效果会更好。也就是说，先解决手的问题，再解决听的问题，这样不会顾此失彼。

三、速录教学要注意的问题之二——学会运用“微积分”理论

在学速录的过程中，几乎所有人都会遇到“速度总上不去”的时候，这时候要想到用“微积分”理论。

所谓“微积分”理论就是由小到大、由易到难、由简到繁的理论，例如一块大西瓜切成小份很快就吃掉了，如果还吃不掉，就再细分，直到吃掉为止。这个理论说起来容易，做的时候往往就忘了。

有时，练到一定程度，随着时间的积累和量的积累就会产生速度上质的飞跃。但有时无论怎么练也不产生飞跃，因为量变到质变也是有条件的。如果用10 000字的文章在80字每分钟的水平上练习，无论如何也不会很快地提速，但如果选用500字的文章，练20次，不仅会进步很快，还会一次比一次有所提高。

四、速录教学要注意的问题之三——安排速录课时的基本原则

大多数学校学时安排比较分散，不符合速录学习的特点，实际上应尽量做到科学合理地安排课时，基本原则有：

1. 时间相对集中的原则

练习时间要集中，尤其是指法练习部分。学习双手并击时，至少要连续安排三至五

天，如果有三个整天最好。

2．常流水不断线的原则

如果平时安排学时少，应尽量安排课余练习，让学生有充分的练习时间。

手速练习要坚持天天练，每天不少于 20 分钟。字的练习要作为常规练习，反复循环练习。切忌突击练习。

第三章

速录的提速原理

第一节 录入速度分析

录入速度=系统设计速度系数×键盘操作速度，即机器所能提供的速度系数与人的速度之积，或者说机器和人两种因素之积。显然，机器系数一定时，录入速度完全取决于人的因素。

在2009年12月由微软办公软件国际认证管理中心主办的第四届“极品飞手”海峡两岸计算机录入大赛中，由于其他选手都使用计算机键盘一般打法，而飞耀速录选手使用了计算机键盘双手并击技术，提高了系统速度系数，因此以悬殊比分获得冠军，这就是软硬件精密结合的结果。

系统设计速度系数取决于打法方式、输入法类型、词库功能。如果输入者都使用同一种速录系统，那么录入速度主要取决于人的操作速度。

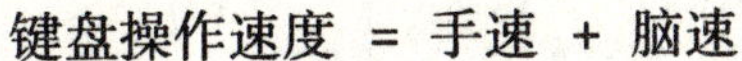

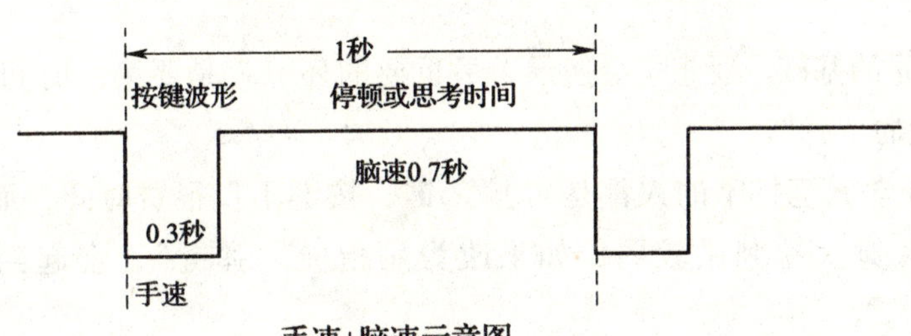

手速+脑速示意图

手按键盘的时间快慢称为手速。上图中左边的波形为手按键盘的时间，即0.3秒。手离开键盘开始思考下一个键位应落在何处，应该打哪一个字，例如打“权利”还是“权力”，这个时间是动脑所用时间，所用时间的长短叫做“脑速”。如果动脑时间用了0.7秒，则从一个键位到下一个键位所用时间为：手速0.3秒+脑速0.7秒=周期1秒（则打字速度为每分钟60键）。

第二节 手速三要素

影响手速的要素有三个：弹键质量（简称弹键）、手指离开键面的高度（简称指高）、手弹键的频率（简称手频）。

一、弹键和按键的区别

速录要求“弹键”，不允许“按键”。要提高打字速度，一定要“弹”而不是“按”。

弹和按的主要区别是手指接触键面的时间不同。

接触键面的时间长于0.2秒叫做“按”。

接触键面的时间短于0.2秒叫做“弹”。

如果手指接触键面的时间在0.15～0.2秒，虽然也属于弹的范围，但此范围属于按和弹的过渡阶段，因此，此范围叫做“似弹似按”。

如果手指接触键面的时间少于0.15秒，叫做真正的弹——闪电般地接触键面，眼睛几乎感觉不到手有接触键面的时间。

速录与打字在键盘操作方面的最大区别是：

打字	速录
一指一键操作	双手并击操作
按键	弹键

“弹”是速录的基础。要想学会速录，最重要的环节就是要第一时间学会“弹”，并且要学会高质量的“弹”。

过去大部分学五笔打字的人都是“按”键，按键不仅很费时间，而且按键都是用指肚接触键位，对大脑刺激较弱，如果改为用指尖“弹键”，会起到很好的健脑作用。

无论过去是否熟悉计算机标准键盘的操作，都要从“双手并击”学起。零起点的学员都想从掌握标准键盘的操作开始学起，熟悉标准键盘操作后再学习“双手并击”，但这样学习要浪费时间，因为“双手并击”的键盘操作中已经包含了计算机键盘的基本操作，两种练习用时重复，因此一开始就从双手并击学起的效果会更好。

二、弹的要点

1. 用指尖弹，不要用指肚弹。按键一般都用指肚按。

2. 手掌要拱起来，确保指尖与键面垂直弹键。

由于手的大小不同，手掌拱起来的程度也应不同，但都会有一个最佳的程度，如下图所示。手心面向自己，把四指对齐时所拱起来的程度就是最佳的状态，然后把手翻过来放在键盘的基准位置上。

手拱起来，可确保四指指尖垂直击键。

3. 四指与键面垂直正交，最大倾角不要超过85°，否则，四指与键面倾斜度太大，会影响效果。

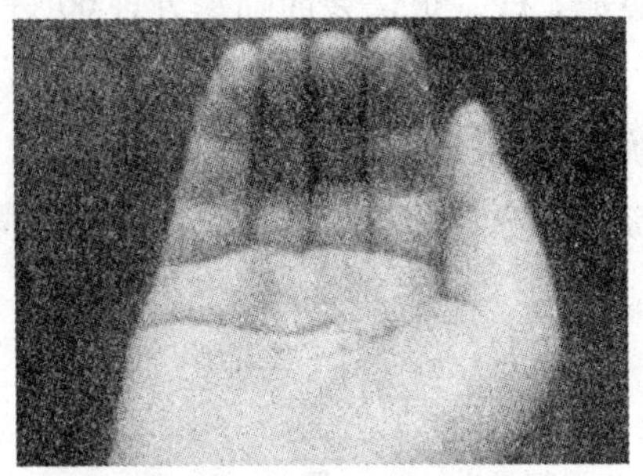

手心面对自己，四指对齐

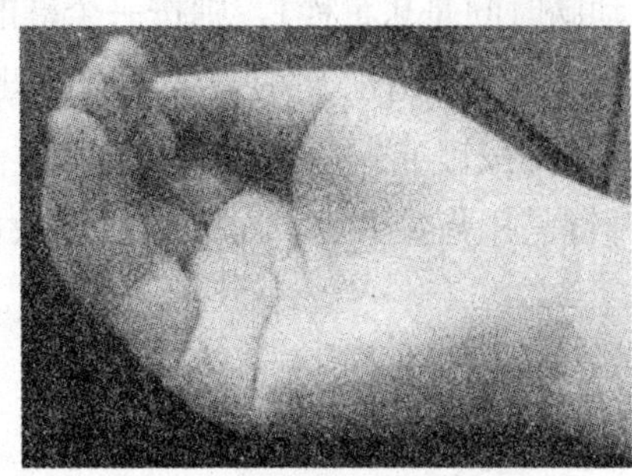

四指对齐（侧视图）

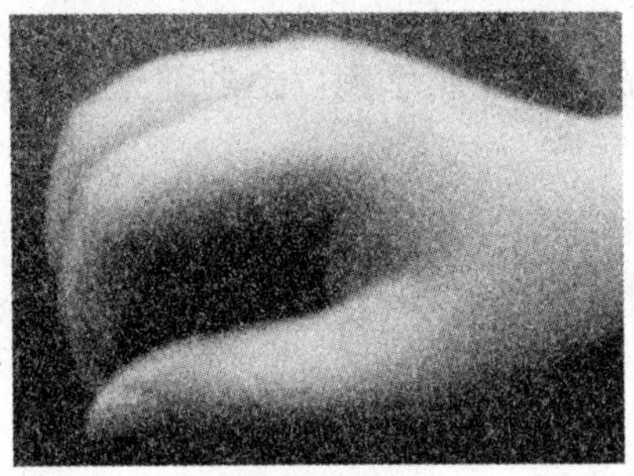

把手翻过来

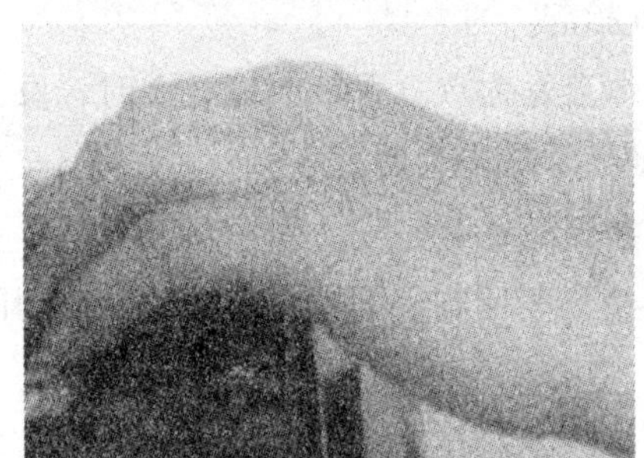

放在键盘基准位置上

4. 要低指轻弹。手指离开键面的高度不要超过 3 mm。

三、第一时间要学会弹

刚开始学速录的人往往缺乏弹的意识，大多数都是按键，以为按熟了就变成弹了，这种想法是不对的，“按”的习惯养成了，很难改成“弹”。所以要求速录初学者第一时间就要学会弹，这是因为：

1. 防止过早出现瓶颈。如果按键时与键面接触的时间是 0.5 秒，键与键的间隔也是

0.5 秒（动脑时间是 0.5 秒），则按一个键的周期是 1 秒，很快会面临每分钟 60 键的瓶颈。因此要求在学习第一个按键时就要学会弹键。

2. 弹键比按键准。弹键是闪电般出击，干脆利落，不容易带键。

3. 弹键是用指尖击键，对大脑的刺激比按键更强烈，因此很容易建立起键位感，学习效率高。

四、弹键的练习方法

1. 在桌面上体会什么是“弹”。把桌面想象成一块烧红了的铁板，手指迅速地敲击桌面后迅速抬起。

2. 体会发力点。手指击打桌面时，发力点在手腕上，手腕以上的部分不动，不要用小臂带动手掌敲击桌面。

3. 在桌面练习完成“弹”的动作后，把手移到键盘上练习，注意每次击键后要归位（所有手指都要回到基准键位上来），可以用一般打法练习 26 个字符的弹键。

五、“弹”是速录之首

“弹”的动作的建立关系到今后会否遭遇手速的瓶颈。初级速录指法的基本功主要有两个：“弹”和键位的连贯。键位的练习固然重要，但仍比不上“弹”重要，如果没有学会“弹”，先不要练习键位。

如果用“按”的方法练习键位，很快会出现速度瓶颈，等出现瓶颈时再回头练习“弹”，克服“按”的习惯就要费力多了。

实践证明，先学会“弹”的学员的学习进度比用“按”的学员的学习进度快 2 ~ 4 倍。

六、低指轻弹

手指离开键面的高度越低，录入速度便越快，所以把“指高”作为指法的一个重要指标。

强调“弹”，但不要用力去“弹”，要轻弹。初学者刚练习“弹”时，为了体会“弹”的动作，用力大些是允许的，待掌握了“弹”的动作后，可以逐渐学会轻弹。

七、手指击键的频率（手频）

手频也是指法的一个重要指标。这里的手频是指手指击键的物理频率。手频一般都需要经过长期的训练才能达到高级速录师的水平。一般人的击键频率都在每秒钟 7 ~ 8 键，速录师的击键频率可达每秒钟 12 键，世界吉尼斯纪录是每分钟 807 键，即每秒钟 13.45 键。

如果能养成低指轻弹的习惯，手的击键频率能达到每秒钟 12 键（次），如果是用飞耀速录系统打法，拼音或五笔的极限速度都可以达到每分钟 720 字。

第四章

速录的指法练习

本章学习目的： 掌握正确的双手并击指法。

第一节　标准键盘的指法操作复习

目的： 纠正以往标准键盘操作时的不良习惯。

注意： 本节不要求熟练，只要求掌握要领即可，以后在学习双手并击时再提高熟练程度。

要较快地输入汉字，首先要求学员必须从一开始学习计算机就要具有良好的操作习惯，特别是要具有正确的操作指法。正确的计算机操作指法就是要使学习者充分发挥每一个手指的功能，同时利用十个手指协同进行输入，从而达到高速输入的目的。

一、计算机键盘指法要求

1. 十个手指均规定有自己的操作键位区域，任何一个手指不得去按不属于自己分工区域的键，在操作中各个手指必须严格遵守这一规定。特别是无名指和小指，可能在最开始上机操作时，由于不太灵活，很容易造成其他手指“帮忙”的情况，因此从最开始就必须坚持这几个手指按归属于自己的键。

2. 要求手指击键完毕后始终放在键盘的起始位置上，起始位置就是键盘上三行字母键的中间一行位置，除大拇指外的八个手指分别位于这一行的 ASDF、JKL；键上，大拇指位于空格键上。这样有利于下一次击键时定位准确。

3. 击键时，只需通过手指和手腕的运动来进行击键，不要借助手臂运动来击键。击键要用力适度，不能太重。

4. 在操作中，必须从最开始就坚持盲打操作，即不要用眼睛看键盘，只能通过大脑来想要击的键所处的位置，并指挥相应的手指来完成击键。如不坚持这一点，是不可能真正成为速录高手的。

5. 打字员和专业录入人员在训练中还应注意，眼睛不仅不能看键盘，同时也不能看屏幕，只可看要录入的纸稿。这样才能训练出真正意义上的快速专业盲打人员。

二、左手键位分工

食指—RFV、TGB 两键列，中指—EDC 键列，无名指—WSX 键列，小指—QAZ 键列。

三、右手键位分工

食指—YHN、UJM 两键列，中指—IK，键列，无名指—OL. 键列，小指—P；/键列，大拇指—空格键。

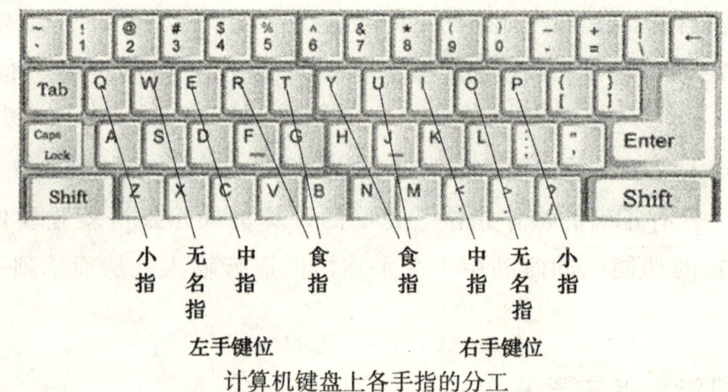

计算机键盘上各手指的分工

四、指法操作复习内容

1．姿势是否正确。

打字时要求坐姿：脚放平，腰坐直；挺起胸，眼平视。这样做的目的是减少疲劳。特别是挺胸，可以让呼吸保持畅通，大脑供氧充分。

手的准备姿势：肩膀和上臂放松，手掌和前臂成一条线，手指放在基准键位上。

2．是否明确各手指的分工及基准位置。

3．首先要掌握“弹”的动作要领。

用指尖弹，手掌自然拱起，四指与键盘垂直正交，闪电般击键。

4．击键的四点要求。

击键主要靠手掌和手指的灵活运动，而不是单靠手指寻找键位。手掌配合手指运动，四指即可灵活地在键盘的四行键位上下移动。在需要击键时，手指才可伸出击键，其他手指不要有伸直或翘起动作。击键后立即收回至基准键位，不可停留在已击的键位上（打词时，打完词再归位，叫词归位；打句子时，打完一个短句再归位，叫句归位）。

练习：反复快速打 26 个字母，检查是否符合上述四点要求。

5．检查空格键、回车键、上档键的操作。

空格键的正确操作：右手从基准键上迅速上抬 1 ~ 2 cm，大拇指横着向下一击并立即回归，每击一次输入一个空格。

回车键的正确操作：抬起右手小指击一次 Enter 键，击后立即退回原基准键位置。在回归过程中小指弯曲，以免带击“,”键。

上档键的正确操作：当左手需要输入大写字母的时候，用右手小指在按着右边 Shift 键的同时敲字母键，然后两手同时回归到基准键。同样，当右手需要输入大写字母的时候，用左手小指按着左边的 Shift 键。

练习：打下面文章，检验空格键、回车键、上档键的操作是否正确。

要求：每分钟 40 字母以上。

New York is built on a group of islands on the east coast of the USA at a point where several rivers flow into the ocean. The first westerner to discover these islands was an Italian explorer in 1524.

第二节　计算机键盘实现双手并击的原理

计算机键盘实现双手并击的原理是将标准键盘划分为两个可以独立操作的键盘。

以上图中的分界线为界，划分为左右两个键盘。左键盘原有字母 15 个，右键盘原有字母 11 个。如果让左右键盘成为独立键盘，那么，左键盘要扩展成 26 个字母，就需要补充 11 个字母，这 11 个字母分别用组合键来实现。同理，右键盘也用组合键补充 15 个字母，这样，左右两个键盘都可独立打出 26 个字母。图中画出左右两个框区，每个框区各有 9 个键参与组合，两手的拇指和小指不参与组合，因此操作比较容易。

一、左键盘 26 个字母的实现

左键盘原有字母 15 个，用组合键合成 11 个字母，例如 X 键和 C 键组合并击产生字母 H，见下表：

字母	H	I	J	K	L	M	N	O	P	U	Y
组合键	XC	ER	CV	SF	SD	WE	DV	XV	WR	EF	DF

这样就实现了能独立击打26个字母的左键盘。

按26个字母顺序排列：

A	B	C	D	E	F	G	**H**	**I**	**J**	**K**	**L**	**M**	**N**
A	B	C	D	E	F	G	**XC**	**ER**	**CV**	**SF**	**SD**	**WE**	**DV**

O	**P**	Q	R	S	T	**U**	V	W	X	**Y**	Z
XV	**WR**	Q	R	S	T	**EF**	V	W	X	**DF**	Z

组合键的位置的定义遵循下述原则：（1）大拇指和小指不参与组合，减少击键错误；（2）组合键位仅集中在三列上，减少手的移动范围，利于提高速度和准确率；（3）兼顾了中、英文字母的应用频次，将频次出现较高的字母尽量分配在比较灵活的手指和基准键位上。

二、右键盘26个字母的实现

右键盘原有字母11个，用组合键合成15个字母，见下表：

A	B	C	D	E	F	G	Q	R	S	T	V	W	X	Z
JK	KL	ML	UO	JI	IO	M,	JL	UI	MK	M	,.	K.	IL	JO

按26个字母顺序排列：

字母	**A**	**B**	**C**	**D**	**E**	**F**	**G**	H	I	J	K	L	M	N
组合键	**JK**	**KL**	**ML**	**UO**	**JI**	**IO**	**M,**	H	I	J	K	L	M	N

O	P	**Q**	**R**	**S**	**T**	U	**V**	**W**	**X**	**Y**	**Z**
O	P	**JL**	**UI**	**MK**	**M.**	U	**,.**	**K.**	**IL**	Y	**JO**

删除键（Back键）的组合：左手的V+B组合或右手的H+J组合，可以代替Back键。好处是不必用右手小指去击打距离遥远的Back键。

第三节 右手键盘独立操作练习

练习一组：ABC（A组）。

用飞耀速录键位练习软件反复练习，要求每分钟60字符以上（该软件在本书提供的网络素材中）。练习时，不要用背记键盘或表格的方法。

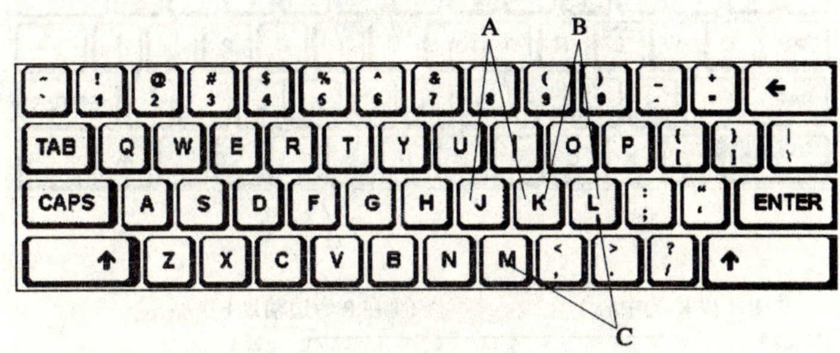

此组的特征是：食指、中指和无名指轮流组合。

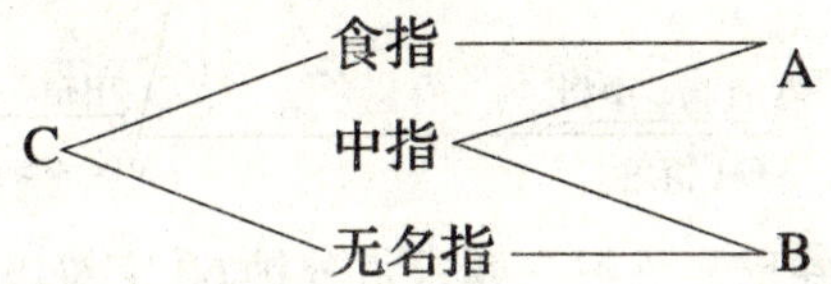

练习二组：DQT（Q组）。

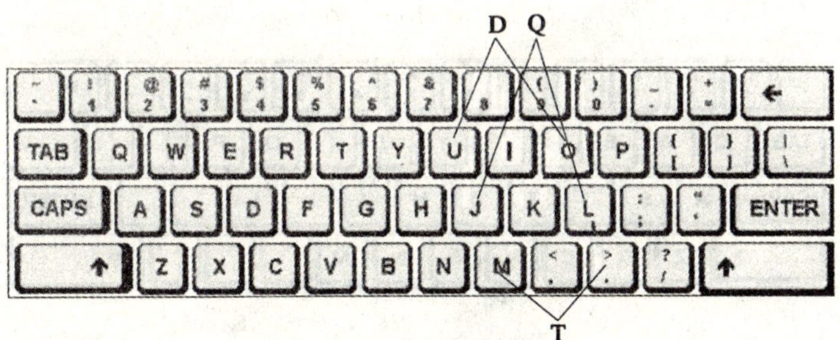

用飞耀速录键位练习软件反复练习，要求每分钟60字符以上。

此组的特征是：不用中指，只用食指和无名指。共有上、中、下三组键位。

幽默记忆法：把这组起名为“阿Q”组，因为基准键位（中排）是Q。

上一组：上帝“D”。

中间组：阿Q。

下一组：T（阿Q向下“流鼻涕”T）。

练习三组：RFGV（R组）。

此组的特征是：R，F，V，G分别是平行四边形的四个角，呈口字形分布，RV、FG互为对角线。V在右下角，G在左下角。

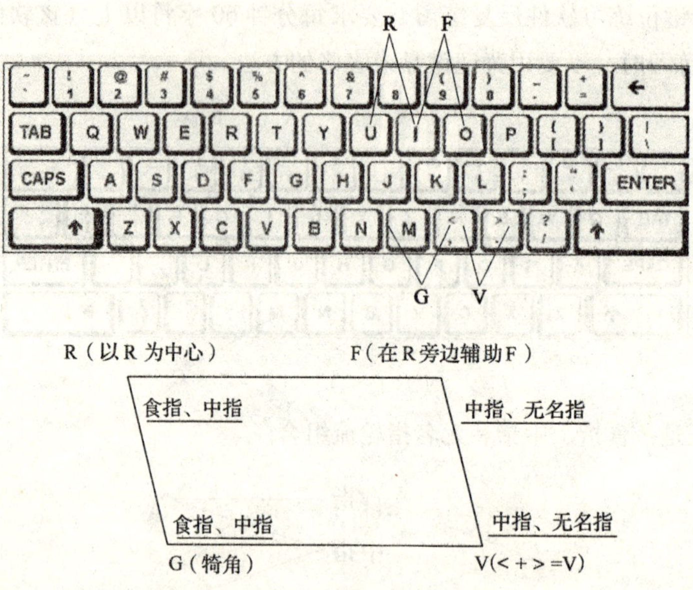

用飞耀速录键位练习软件反复练习，要求每分钟60字符以上。

练习四组：ESZ（E组）。

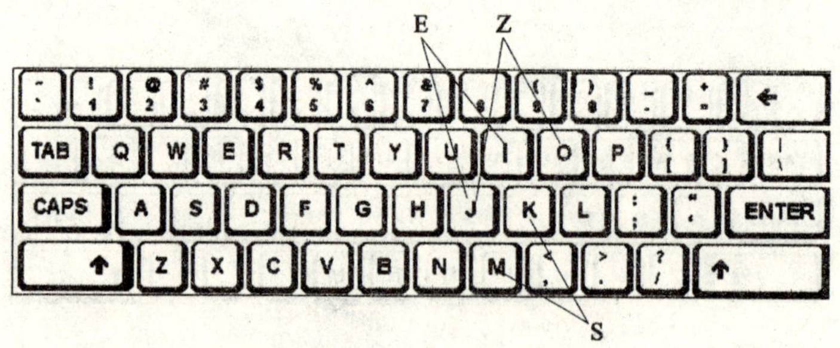

这一组的特征是利用手指的坡度，叫做“上坡组”。

右手伸直，看手背，食指尖到中指尖为上坡（小上坡），食指尖到无名指尖也是上坡（大上坡）。食指和中指的上面组合键是E，下面组合键是S。

这样记忆：上面容易（E），下面难（S曲折，表示难）。

食指和无名指称为大上坡，组合成字母Z。

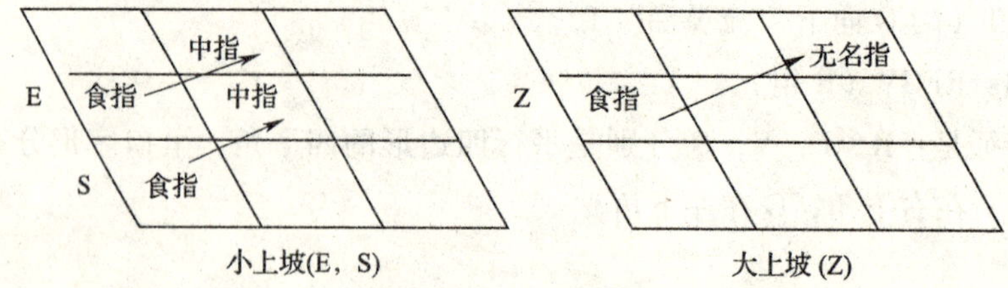

用飞耀速录键位练习软件反复练习，要求每分钟 60 字符以上。

练习五组：XW（X 组）。

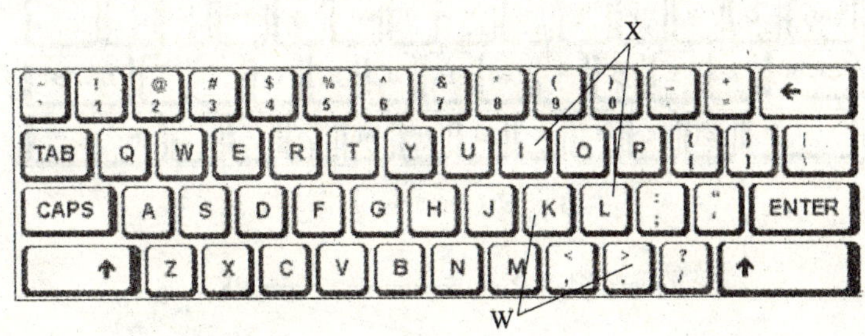

此组的特征是：只用中指和无名指。从中指尖到无名指尖是下坡，所以这一组叫“下坡组”，上面的组合键是 X，下面的组合键是 W，也称上面容易（X 两笔），下面难（W 四笔）。

用飞耀速录键位练习软件反复练习，要求每分钟 60 字符以上。

第四节　左手键盘独立操作练习

练习一组：IYJ（Y 组）。

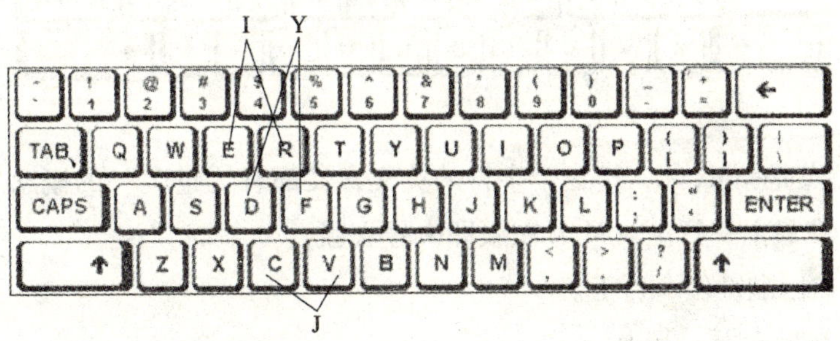

这一组的特点是只用左手的中指和食指。

形象记忆：I—钓鱼竿的线，在上面；J—钓鱼钩，在下面；Y—支撑钓鱼竿的叉子，在中间。

练习：iyj ijy yij yji jyi jiy，练习到每三个字母能连贯打出为止。

练习二组：PKO（K 组）。

这一组的特点是不用中指，只用食指和无名指。

形象记忆：PK—OK 组。两个人一边钓鱼一边 PK。

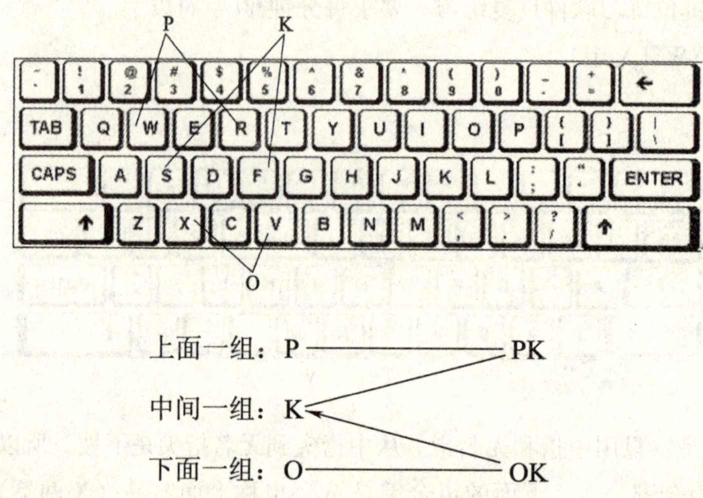

用飞耀速录键位练习软件反复练习，要求每分钟 60 字符以上。

练习三组： MLH（L 组）。

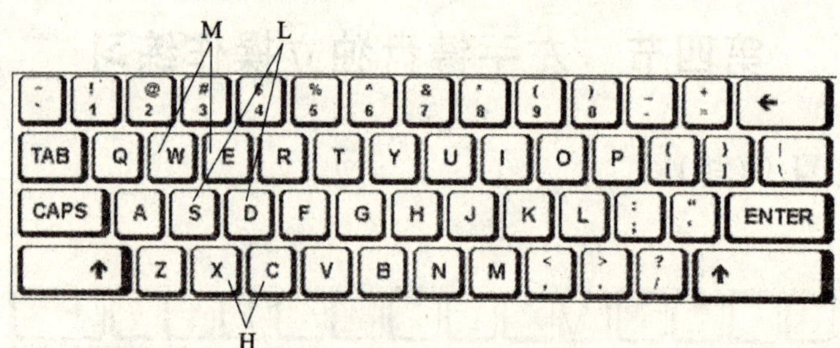

这一组的特点是：M，L，H 三个字符的英文含义都有“量度”的概念。

M：中度，在最上一行上（M 号衣服即中号衣服）。

L：长度，在标准键位一行上。

H：高度，在最底下一行上。

用飞耀速录键位练习软件反复练习，要求每分钟 60 字符以上。

练习四组： UN（U 组）。

这一组的特点是只用中指和食指。

形象记忆：U 字，口向上开，在上面。

N 字，口向下开，在下面。

用飞耀速录键位练习软件反复练习，要求每分钟 60 字符以上。

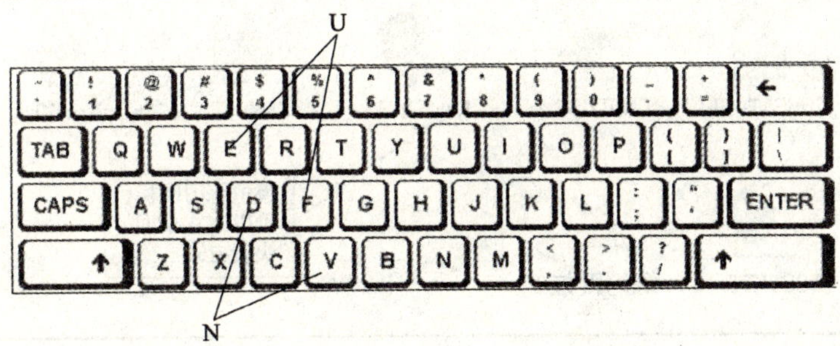

第五节　飞耀速录仿真练习软件的用法及练习

一、飞耀速录仿真练习软件的功能

1．键位练习

(1) 右手独立26个英文字母的键位练习。

(2) 左手独立26个英文字母的键位练习。

(3) 双手并击英文字母练习。

2．练习内容

(1) 文本练习，可导入各种自己制作的练习文本。

(2) 随机选择练习（无须自己准备练习文件）。

(3) 文本内容（字、字符、单字、词汇等）置乱，对导入的文本每一循环置乱一次。

(4) 文章练习。

3．提供两种练习方式：自由练习和定速练习

定速练习有下拉框，可选择各档不同速度练习。

循环练习是指对导入的文本循环。

4．显示和提示

显示键位：对要打的字符预先给出键位位置提示。练习熟了后就不要选择提示了。

声音提示：用语音提示对否。

5．具有教学演示功能

二、键位练习软件使用方法（本软件无须注册）

打开本书提供的网络素材，里面有一个“键位练习”文件夹，双击此文件夹，出现下属文件（注意内含有键位练习文件）：

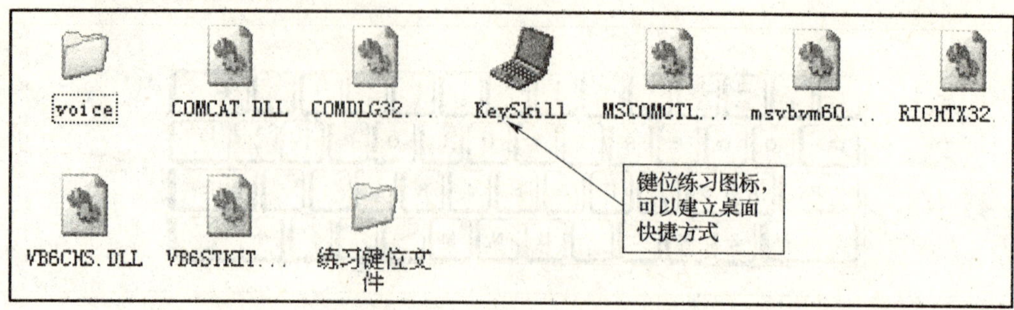

1. 双击图标，进入键位练习界面，界面分两个区，上半部分（绿色区）为功能设置区，下半部分为键盘动作显示区。

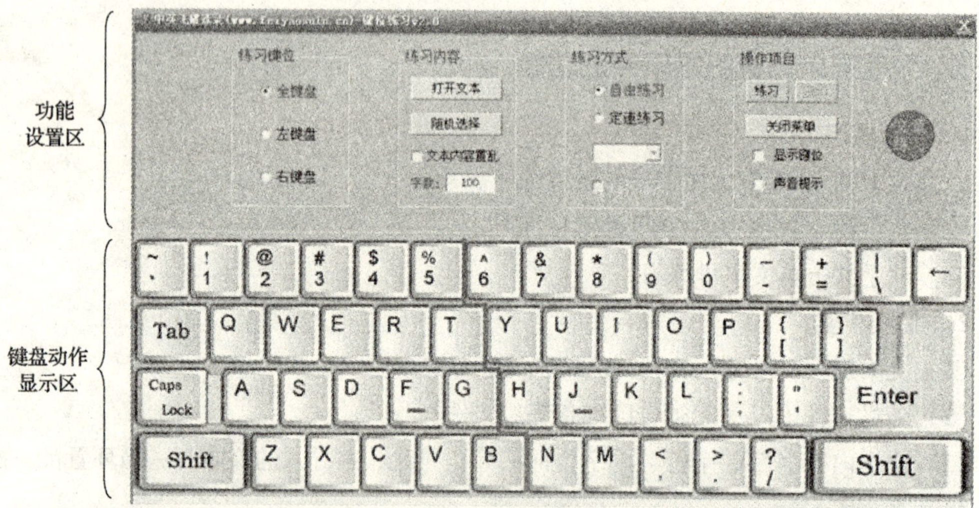

2. 界面功能键介绍。功能设置区的界面图如下所示：

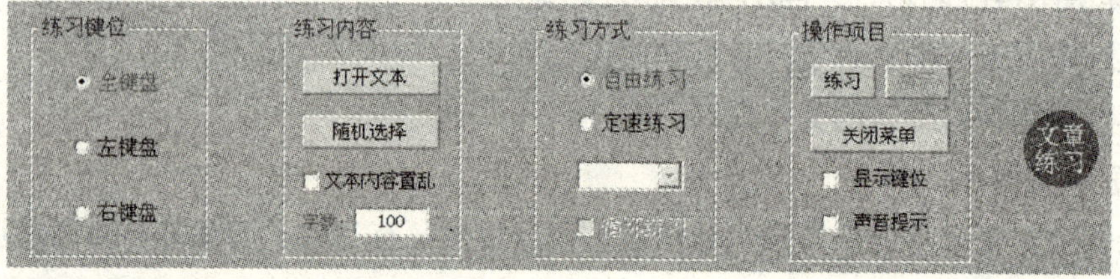

（1）练习键位选择。

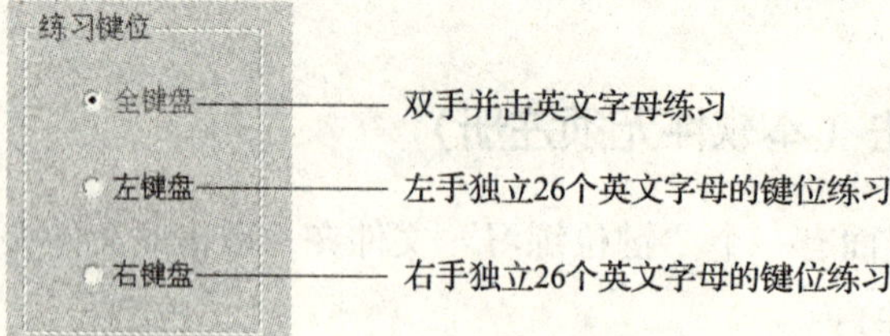

（2）练习内容选择。

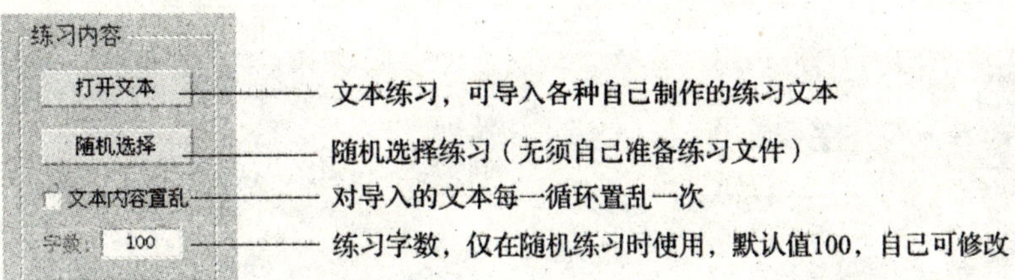

（3）练习方式选择。练习方式有两种：自由练习和定速练习。

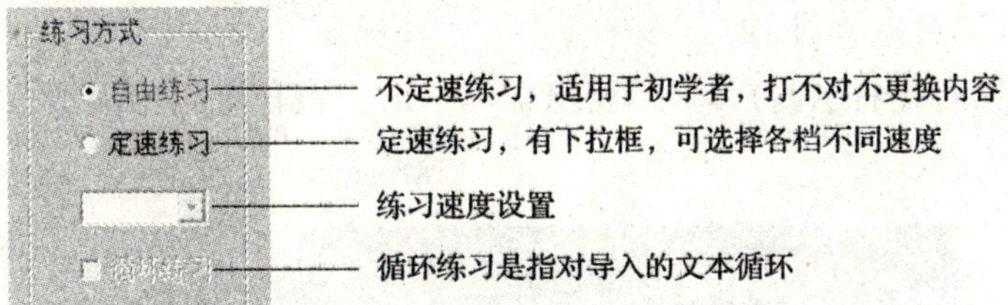

（4）显示和提示选择。

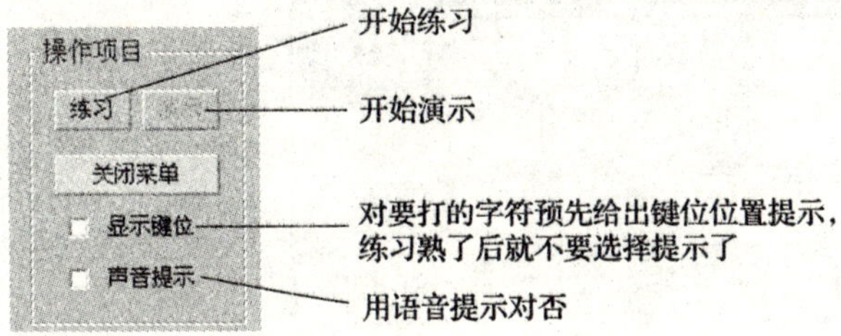

三、应用举例

例 1　双手并击右手第一组键位练习

1. 开始练习右手第一组键位（abc 三个键）。

步骤：

（1）在“练习键位”中选中“右键盘”。

（2）打开文件，路径指向“键位练习文件”；选中“右 abc”文本文件，双击后载入。

（3）选择“文本内容置乱”（每一循环置乱一次）。

（4）选择“自由练习”（稍熟练后再用定速练习）。

（5）选择“显示键位”。

（6）点击“练习”，开始。

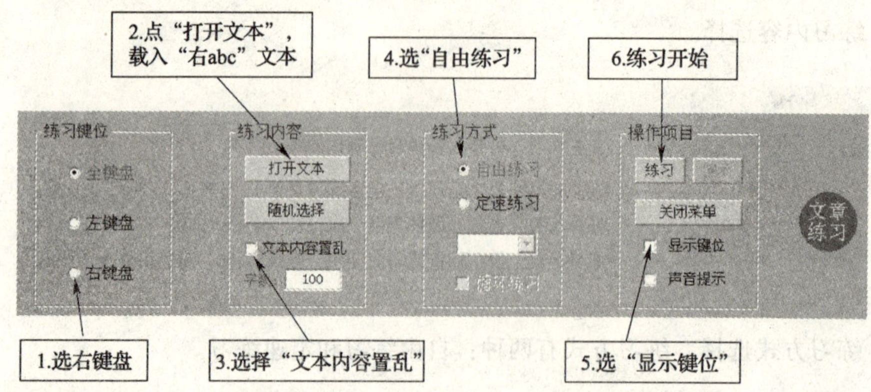

2. 用文本方式进行“自由练习”。

点击练习后出现的界面（右手侧），显示窗出字母“b”，键位上给出提示。打不对不更换字母，直到打对为止。

右键盘随机练习

3. 用文本“自由”方式作左键盘练习，应出现如下界面。

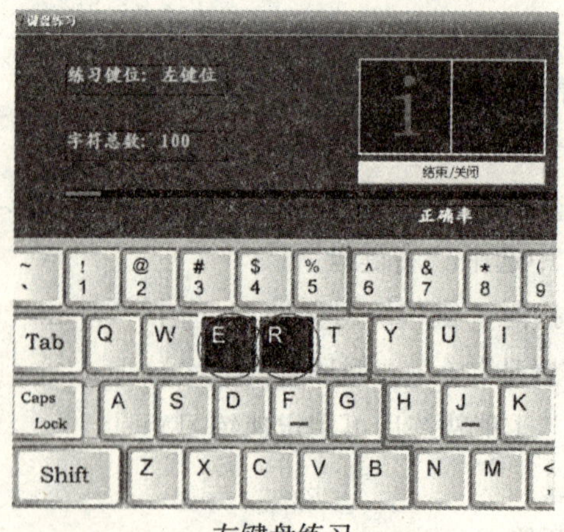

左键盘练习

例 2 双手并击随机练习

步骤：

（1）选择“全键盘”。

（2）选择“随机选择”。

（3）选择“定速练习”，选“40”定速（每分钟 40 字符）。

（4）选择“显示键位”。

（5）点击“练习”，开始。

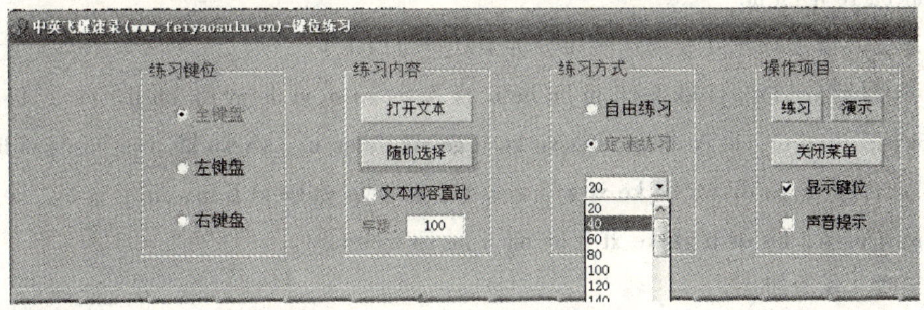

注意事项：

（1）初学者用“自由练习”，熟练后再用“定速练习”。

（2）文本练习时才可用“文本内容置乱”，随机选择时本来就是置乱的。

（3）熟练之后可不用“显示键位”。

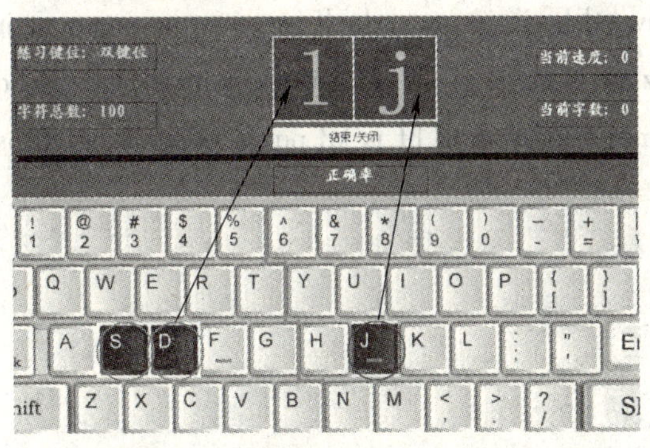

双手并击练习

第六节 双手并击的指法练习

练习一 双手并击（两只手一起弹键，注意不要按键，要轻弹）（要求达到每分钟 60 字母以上）

aa bb cc dd ee ff gg hh ii jj kk

ll mm nn oo pp qq rr ss tt uu vv

ww xx yy zz

练习二　指法练习（要求达到每分钟 80 字母以上）

xt xi xm dl ke xt ji uu vi ui，yk xt xi ma ke si vu yi gr yu ke xt ji uu de ji bf gr dm，te bx yk rf vf xt xi dg xc py ts vi de yb gr vs yk lp uu，lk gu uu li ke xt ji uu ui di yi ug ij li de gr nm，gg zi jt di gr ie jy ji jm ue bi xu yi kk ke xt ji uu，ke xt ji uu gs zo bi xu mm xd jy ji jm ue de fh vf，qx ui ba jy ji jm ue

练习三　指法练习（要求达到每分钟 100 字母以上）

ue hv fa vj vr yi dk yi kk ke ji jn bu he ti gk lk ds ve su vi de gv dk uh ll。yk jc do di uu xi xm dl ke ji ji iu vi ui，lc jx dh jn ui jx xn ke ji ge my de qu ui，vh wo ke ji jn bu de yi bj gv lv，cs vg ti uh ti gk gj bu dv wu de ke xt wf hw su vi，zi jt yp ys ke xt li lp，ke ji vi ui，ke xt fh fa ll gr ia iu li wf ti，bu dr ti gk ke xt jt ce ng li he gs zo uv py

练习四　组合键练习一

ua if oc yt oz us yq ub ms lc hz ng ya ob pc ms ir uw nq jg hd ot kr pg nv ib ks pe yc ns ls jf nw hg lv jc lz ue mq ug yd me yz pv uq ks he mb ne is nb ys mr yf jq iq mc us md pa mg kz mf od ld ps jz oa

练习五　组合键练习二

kw nr kg ut kv lb hw nd lw jb ic pw yg hr lf iw ye mt hv or mv ur jr hb na oq je os uc pr kq mz nf pt hs lt Ja oe lg pz ow js ps uz jd pb is La ys ls nz ht ud jt ke ie hq iz yr ns kc Ha id Ka uv of mw lr hc le yw kt jv nc pd kf pf ig nt hf js kd pq os yv kb it og yb hs ov iv ma jw uf lq Ia

第五章

英文二倍速打法

本章学习目的： 掌握英文双手并击录入方法。

用双手并击打法可提速2倍，这就是英文二倍速打法。采用飞耀速录英文版速录器可提速4倍，其中双手并击提速2倍，采用英文飞耀速录法又可以提速2倍，故简称英文四倍速打法。英文二倍速打法是五笔速录的基础，也是将来四倍速英文速录的基础。会五笔打字的人学会英文二倍速打法自然就会打五笔速录了。

第一节　英文二倍速打法示例

二倍速打法就是双手并击打法。

1. 大写的打法

一只手按Shift键，另一只手按字符。

例1　打A。右手按右键盘的Shift键，左手按左键盘的a键，则出A。

例2　打USA。右手按右键盘的Shift键，左手分别按左键盘的u，s，a键，则打出USA。

2. 英文词的打法

把词按顺序（自左到右）分成两两一组，一组一组地双手连续并击即可。

例1　打asia（亚洲）。按顺序分成两两一组：as，ia。第一组as，左手打a，右手打s；下一组ia，左手打i，右手打a。

例2　打asian（亚洲人）。按顺序分成两两一组：as，ia，n=（以下用=号表示空格键）。第三组中n与“空格”为一组，左手打n，右手打“空格”，把空格当字母键打。

第二节　让空格键不占拍的英文打法

英文中，平均每6个字符就要打一个空格，单独打一下空格也要占去一拍，即打空格要花去14%的时间，如打空格不另占时间，则相当于提速14%。用双手并击打法可提速2倍，再加上打空格不占时间，则相当于提速2.14倍。这就是为什么单键打法的速度是每分钟300字符，而用双手并击打法会提高到每分钟640字符。

例如On a group of islands（=号表示空格键）这句话的打法如下：

o	n=	a=	gr	ou	p=	o	f=	is	la	nd	s=
左	右空	左空	左右	左右	左空	左	右空	左右	左右	左右	左空

其中on=的打法是：左手打o，右手同时按n和空格键。

a=有两种打法：一是只用左手，a和空格同时打（推荐这种打法）；另一种打法是左手打 a，右手打空格键，双手并击。

第三节　英文二倍速打法练习

此节为学习英文速录者练习用，学中文者可选学。

此节的练习也可与以下的中文练习交叉进行。

练习一　学会分组打、空格与大写打法。

（本段文章要求达到每分钟 120 字符，准确率 95%。）

（练习一至练习六供学习英文速录的学员练习。）

New York is built on a group of islands on the east coast of the USA at a point where several rivers flow into the ocean. The first westerner to discover these islands was an Italian explorer.

课文打法分解：

N ew = Yo rk = is = bu il t = on = a = gr ou p = of = is la nd s = on = th e = ea st = co as t = of = th e = USA = at = a = po in t = wh er e = se ve ra l = ri ve rs = fl ow = in to = th e = oc ea n =. Th e = fi rs t = we st er ne r = to = di sc ov er = th es e = is la nd s = wa s = an = It al ia n = ex pl or er.

这一段中，英文词被分为每两个字母一拍，空格不占拍，空格键与字母键同时并击。

练习二　学会自行分组，体会空格键用左右手的技巧。

（本段文章要求达到每分钟 180 字符，准确率 98%。）

In 1626 the island of Manhattan was bought from local Indians, native Americans, for a handful of goods worth about $24. Today native Americans express their anger over this business deal.

练习三

（本段文章要求达到每分钟 220 字符，准确率 98%。此后，将练习二也达到此指标。）

By 1820 the population of New York had grown to about 125, 000, making it the largest city in the USA. In 1858 an area of poor housing, factories and farm buildings was torn down and Central Park was created.

练习四

（本段文章要求达到每分钟 260 字符，准确率 98%。此后，将练习二、练习三也达到此指标。）

Officials used to have trouble with the foreign names of people passing through Ellis Island, and because they were so busy, many people's names got changed in the rush.

练习五

（本段文章要求达到每分钟 300 字符，准确率 98%。此后，将以前的练习也达到此指标。）

People who wanted to enter the USA had to go through a number of mental and physical tests, and about 2 million people were turned away. Thus Ellis Island became known as the "Island of Tears".

练习六

（本段文章要求达到每分钟 340 字符，准确率 98%。）

Fred realized that he had discovered an interesting and enjoyable way of making money. In the evenings he studied hard for his exams, and most mornings he took tourists around Oxford. It is a good idea to start a part - time job so long as it does not affect your studies. For one thing, when you earn money, you will not have to keep on asking your parents for money.

练习七　英文综合练习

（由于此练习大写较多，速度要求适当放宽，每分钟 280 字符以上即可。）

（一）

AIAMU And I'm A Monkey's Uncle

BOHICA Bend Over Here It Comes Again

CRAWS Can't Remember Anything Worth A Sh

CIS CompuServe Information Service

DBEYR Don't Believe Everything You Read

ESO Equipment Smarter than Operator

FTASB Faster Than A Speeding Bullet

GNBLFY Got Nothing But Love For You

HIOOC Help! I'm Out of Coffee

IMNSHO In My Not So Humble Opinion

JAFO Just Another

（二）

KISS Keep It Simple Stupid

LLTA Lots And Lots Of Thunderous Applause

MTFBWY May The Force Be With You

NIFOC Nude In Front Of The Computer

OAUS On An Unrelated Subject

PEBCAK Problem Exists Between Chair And Keyboard

ROTFLMAO Rolling On The Floor Laughing My Off

SWAG Scientific Wild Ass Guess

TEOTWAWKI The End Of The World As We Know It

URTW4M You Are Too Wise For Me

VFM Value For Money

WOG Wise Old Guy

WYSIWYG What You See Is What You Get

YYSSW Yeah Yeah Sure Sure Whatever

第六章

连 贯 练 习

本章学习目的：通过对英文字符串的练习，达到连贯的目的。

注意：练习字符串是手段，达到连贯才是目的。

练习方法：

1. 由短到长逐步练习。

2. 不以速度和数量为练习目标，而以是否达到连贯为目标。每一步达到连贯了就可以练习下一步。

连贯是速度的基础。连贯分 8 级，连贯的级别越高，基本功越扎实，今后的速度越快。反之，连贯的级别越低，越容易遭遇瓶颈。

第一节　四字符串练习示例

ukfq lgot jkdw kvbi zhbd qjif pnzi wzvc emwx chft blue bwlq qpsj hlag
goqs nzgd vmny mpva lske sdcr hqjm ylqn xugr eayf muey dpmb csdg jeuy
yxal ptho owyz vhpl dvwg uxdb tamn afmz jykt guzv fxia fjho vcgi lxui kaep
rlcz azct xbjw weza wixm mcxh cyfl

第二节　五字符串练习示例

ebwhc xdjab umals zpyqs gazvf eqanr ntvcm otxui rblvs mchig ibycr xwegi
dqyul dfpch mrbic vitsg ygacp cifpn xiuqn vdlwp ufdst jtwau kpqos cglzf fnprl
ygcul mxkou sjqde rvbpz pbkxj qmwnz rwzvc ltxwc olacs ueict qrotj osanm
vprla odcun ysnva srklz dkyiw jsyrp oxvgz eignu ufglx mbjzd mrkbz zxaso tiwnx

第三节　六字符串练习示例

gzchpb bkfhcq csqhbn hclqgi zymqwj wlxfmg fcmkwo svtzgh tuyjao xnqaez
pmnkqf diwkcm mojwka spjvok sxnmgb oagnep fivpnk trdnaf bikrcd gmjyeq
zifarv vtxnko elmtvw semiat scquag qwpixg hvmunq dqwsba lwieck rzidhu rfhxil
oiyced fruyms tbdfao upizak zbihxf rsejpd ndqykx eblcph knlszf lmrczo pfjtxq
hefdjz cgpbdl egbpdt qhbmid jpfgzy nsykvj xgmfeb ljvnsw

第四节 七字符串练习示例

yegnxzc ifvcnwg cxnrspu minbhjs rtnbifx opzmqwb mtnfued sirkmzl soywhre bzgovha erocfvg glfwzay borvjqp xzbvipm fwxhuye dvbopch makbowi vaxhykc hkipxdg inzvklb fptndbc aewzdlx yfadxlz oneyidz gmcdxwk ovishuc jdbzihs jpsqwdf prvgylt koxbvli jimdafu gzhkmft hwomfrl hpulkdy lwckaje erlkhsp alxbyfh nyxdift cmwfdxo rspukhl bijqsuo bjfxoqz nqxbltm guedskr knzmspy xitfbzg ovfagrn ceufimh vzaycmq ujpqyza

第五节 八字符串练习示例

ijwaguet gpvomjus ewbfdkrs bdiulygw zinhxuts xplqetju vwresiaz tdysagxv qjxhovlu ordxvsba mxinjrsz klqvsfoy hrojzdec fyuxmsrb dfaovrkb bmzcjpyf zrfqodvc wykzdbli ufrnlsah slqcaprg qtxpgklj nzcgvbdl lnivczrh juhlrpfo abotymwk ygthmjsk vnswtaho tuzjhwxm rbfzpmnl phlqxjit nojxkazr kvqlsynm aivzfsdr foapurzq cuaebjqx achspfgw yhmgwtsr worvdqpz tvpdrhgy rbxszeuv pochnbla nwcvtqaz lcimjryx ikpasfod gquoebdc exswlzqa cezmaqjh zjfaioeg xqeovctb vxjecali

第六节 九字符串练习示例

lvrmchgik bycrxvgij eryuldfpc fnscjdwkv uhygadpck fomyivrpu dlwqugcst juwavlpon rdhlzfgoq qmzfcvlnx lovtirdes wcqapdlyk qmwnzrvyu dmuxycoka bsvfjdtqp qtkosamnx qsmaoedvp ytovbrqjk zekxiwjry trnywgzdh gmuvehlxo ckafpsndz zxbsorhvm xzauivlec wgcxekabu nbmtzqyru hbaxifrcp qnuwcmoty vjrblwsmd higlbycsx xfhjdryum dfqehotbl cwjushzga cpdjgqnyk vqoudkwnt gdtukvxas lqposcgjz fgoqsmzec vlnxjoush rdeswbpao blxkqnwoz rwzxdksvu cpmadtwgk dtqroujms aonwrslbp eduoytnwb srlkzdjxg yjszrpmwu hzejgnuvd glxnbkaeq

第七节 十字符串练习示例

hutbxyrgsk javfbwekzy stfkqeodrz fzxtdcohlp msacnotevi qgkuxrhefd hawbqevfik cpetljdoif kqghavitzf xfyanihdom whtxsackur zebqxircys jopmrgdiyc dmoqkxeauj lvjmtygphb pbaogqikxj olvtepbywc kscwanjzyp adicswxuyk nrflmvwxsd njbtuervaz rxjkybhvfu irdsxucvgy dheltafinw sgiybmpkzw xwzptyfrob xysgujiate avdjzyrqgk qeodrzgywt ecphmqnuab mnscuhqfjv xrhfgejawb pcvegidrfu licojenshg auiszgwfyb nhgdomxiuw uadkvtzfcp yhrbzsjnml piejydcnqr kxebtlmvio tyiohbqacp fohjwkqmvt eqbyvclsdw bnkzyqaehd rwvuyhloek luwxremhbs tdrvbzpxji ycjwguiqdr wtcugydhel saegkwtijz

第七章

数 字 速 录

快速录入数字是现在 BPO 企业中的一项重要工作，尤其是数字与中文、数字与外文混合输入是批量录入中最棘手的，因为现在大都应用小键盘录入数字。只有一只手工作，另一只手总处于闲置状态，总的效率较低。飞耀速录不仅实现了数字的双手并击，还解决了数字和中文、数字和外文混合录入无须切换的问题，极大地提高了混合录入效率。例如，过去录入 BJMA7569 需要按 8 次键，如今只需要按 4 拍，节约一半时间，提高效率一倍。

只学中文速录将来不专门做数字速录的学员可跳过此章节，但其中的“看功练习”对看打提速是大有好处的，务必要学。

第一节　数字双键盘的定义

左手键盘原来有五个数字键：12345，还需要补充五个数字键（67890）。

右手键盘原来有五个数字键：67890，还需要补充五个数字键（12345）。

补充的数字键和小数点用组合键实现，定义如下：

左键盘	右键盘
【4】+【3】=【6】 【3】+【2】=【7】 【4】+【2】=【8】 【R】+【3】=【9】 【R】+【2】=【0】	【7】+【8】=【1】 【8】+【9】=【2】 【7】+【9】=【3】 【U】+【8】=【4】 【U】+【9】=【5】
【1】+【2】=数字小数点【·】	【9】+【0】=数字小数点【·】
	【I】+【9】=【%】

左、右手键位练习（要求：左、右手分别做下列练习，达到每分钟 60 字符。）

12345　54321　67890　09876

14703　25814　79135　20864

36925　46802　13579　24680

57913　68024　76543　21098

78906　23415　36851　58637

第二节　数字双手并击

数字双手并击的技巧：

1．练数字双手并击时，切忌用嘴读数，不要有嘴的动作。

2．读数时，不要两两地读，每次要“读”一条完整的数。如六位数 675428 要一眼读完，不要分三次读。

3．注意打数字的节奏，只有空格处可稍停顿，整条数字要连贯地打下来，中间不要停顿。如XXXXXX，不能打成XX XX XX。

4．把小数点和百分号当作字符来打，可与其他数字符号并击。

练习一　左右手并击练习

要求：每分钟 80 字符，准确率 100%。

1234　4321　1470　0741

3456　6543　4567　7654

5678　8765　2398　8932

7890　0987　3685　5863

练习二　数字双手并击练习（四位数）

要求：每分钟 120 字符，准确率 100%。

9860　8691　8853　8257　4745　0876　0948　3435　6933　5761　4826　5290

0018　7847　6901　9475　2993　9024　8186　1551　7088　3819　3271　6436

9264　5095　5156　8623　4349　0170　0334　2709　6236　2355　2499　4684

7482　7243　6374　6779　2567　9328　8469　1954　4452　3583　3644　3839

9537　7904

练习三（四位数）

2736　3594　6598　3710　9157　2916　5018　1352　7986　0568　3659　9073

6418　8279　1082　5402　4928　4827　0829　3025　2580　2359　0673　4896

3241 6125 2317 2873 1642 4723 1078 0694 0463 3165 9578 8045
8704 1706 7130 6547 6324 9415 5639 5187 5963 8065 4170 3627
3496 6487

练习四（五位数）

23596 15037 74102 02869 49680 09485 21940 92401 85047 07189
31094 27068 68914 68093 71596 51346 41038 98234 27095 23714
57132 93762 04138 14376 04976 82596 82176 48907 57648 13504
26784 03296 59468 84612 79150 61493 75940 79082 58902 64018
82417 76583 68054 96740 62185 08691 78430 25049 48076 69820

练习五（五位数）

53870 80214 65013 73918 93528 87693 46173 78641 73096 19703
87529 36847 56198 70159 35478 93467 62591 65290 12397 94760
12068 63904 90358 29615 61829 94810 43817 54702 85710 76289
08465 57024 91256 64910 84592 58624 12780 60514 93648 59687
91478 90541 07824 17654 73560 54867 50621 74963 80653 49138

第三节 看功练习

数字练习应着重抓好三个基本功：熟练键位；连贯练习；看功练习（一眼看多位数的能力）。

连贯练习：主要强调录入每一数字串的节奏。

看功练习：在速录培训中，往往会忽略“看功”的训练，只注意手击键的速度，在手击键速度提高到一定程度时，看的速度往往上不去了，其实在很大程度上不是手的问题，而是耽搁在眼睛上，是看的速度落后于手的速度造成的。

用飞耀看功软件（见本书提供的网络素材）来提高速读数字的能力（即速读能力）是非常必要的。看功软件的使用见本书附录2。

学习看功，要学会一眼能读出一串数字，一眼能读出一个英语单词，一眼能读出中文语句（一个短句或一个意群）。在看功练习中，最基础的是数字看功练习，用数据串练习看功是最好的练习方法，一般从五位数练起，逐渐升级到六位、七位、八位、九位、十位、十一位，一眼速读到十一位，就可一眼读出手机号码了。在以下的数字练习中看功练到十位即可。

看功可作为业余练习，每天坚持练习20分钟即可。

练习：数字双手并击

要求：准确率100%，并学会一眼看准一个数串。

练习一（五位数）

61584 27608 08254 81527 78240 65482 50728 74052 74953 80764
71483 45087 98261 25681 46503 15429 09175 36598 83649 92784
80745 40719 38094 60537 81539 83406 74132 39067 93417 94126
16504 83461 78051 36184 65913 68217 73508 43560 24736 34219
84231 57310 78106 15732 65091 91487 16807 82176 76324 63785
73109 78168 57327 65876

练习二（六位数）

839410 820934 018526 706958 301945 605748 815679 836049 741325
309178 923417 974126 136704 184762 920163 326591 865713 857126
738906 467580 240357 674910 845923 863510 780516 049563 850691
914786 164028 813276 690781 387096 827430 820914 018735 625180
209831 524768 016582 836247 962134 309162 813407 174306 315724
083714 928053 216593 896014 870216

练习三（七位数）

1582096 6758213 0347865 0429658 5690374 2713846 4506879 9371024
5820376 1283460 8019256 7365980 8364197 3891072 5602417 0583719
2940356 5813469 8340267 5102349 9148720 1948530 9318250 1893572
7280413 9236475 6812579 2947358 0843526 1038495 3428196 5274169
4319580 4051386 4276059 0923687 1428069 2195764 7425036 6754021
8459367 0584271 1736450 5749816 2014795 0275139 1352904 9056724
6980724 5189276

练习四（八位数）

59468027 41720856 35947286 37109268 29165038 13528976 05683479
90735418 82791063 54026938 48270916 30254791 23597140 15740239
08914762 01948532 92183504 87246150 70312954 63574901 56819342
48073251 41907382 34172965 26417835 19470326 02745386 93876014
89032615 81094653 73250468 67402195 26418079 41705836 34965287
27134659 12465079 05318976 96451378 98614307 81760359 74923856
67189502 59321680 42597130 35740216 37905861 23079641 15036427

78246150

练习五（九位数）

529013487 846701293 752904813 591840632 708936124 371645890
635094718 685134279 028135674 709523614 651498327 483916052
638479250 576921843 602954378 246831759 384972165 479351286
271835946 376081245 650138492 892417653 853607294 861529740
968175324 259684307 971058342 760458931 693742015 230917864
230796415 502671439 376192805 032659487 570384612 672589413
546023917 456290183 483576120 068159423 835472916 970368514
490671328 564723890 485629301 749536812 439058271 695438702
132587046 840391562

练习六（十位数）

7564821309 2675408193 5974803612 7146283590 6598140237 5812476039
1542897603 6725498031 6418927503 7084153962 7826091354 5326907148
8340567219 2348906751 2317964058 1354069827 7263805149 5273684901
5681079324 0843526179 7215340968 8416327905 1278063549 6321759840
9145870326 0782416593 7325064891 5062974831 8067325149 3645972180
3714268905 4650381729 7986043512 5980724316 8279136054 0549683712
0823617549 8153497206 4573026189 9068723145 9731250468 0487359162
7051348296 5748036291 1783490625 3250468179 3417298506 4268350197
0617258439 6495873012

练习七（十一位数）

61730952840 28753914608 56097412383 43679125802 58264190371
96835401274 75290481369 19625708349 49105382764 69253708412
57841326900 28015643979 62381475099 94682715032 43728569102
57892164300 19543670288 34756192806 38527941068 92716358403
76180234950 03749286152 87659213044 78640521930 96028743515
84735096210 48253769015 75149263081 10397846521 19475280360
35918604727 18937025461 64379152809 56178930244 59027136483
70952361485 25984671308 27154839068 79256481038 56029437182
35824716094 98426317505 32891607457 54387091262 65013849279

35297864105　17486930520　96085127433　82573941068　70159346829

第四节　小数点和百分号的练习

练习一

要求：每分钟 140 字符，准确率 100%。

98.60　86.91　88.53　82.57　47.45　18.76　529.4　634.3　769.3　576.1
482.6　529.0　761.8　784.7　690.1　947.5　299.3　902.4　81.86　15.51
70.88　38.19　32.71　64.36　92.64　50.95　51.56　862.3　434.9　717.0
633.4　270.9　623.6　235.5　249.9　468.4　74.82　72.43　63.74　67.79
25.67　93.28　84.69　19.54　44.52　358.3　364.4　383.9　953.7　536.8
678.4　234.1　879.4　362.6

练习二

要求：每分钟 120 字符，准确率 100%。

3311.6　805.95　0363.3　2559.6　8981.4　4880.5　1706.7　131.76　66.42
495.25　665.95　187.59　758.06　641.71　3626.3　4976.5　8826.1　244.7
1235.4　9371.4　3179.9　907.57　355.89　983.54　178.27　813.70　40.44
969.67　2798.2　1504.3　2480.5　2498.3　4045.6　4022.2　3790.6　81.23
169.74　115.11　430.38　835.72　215.26　356.57

练习三

要求：每分钟 120 字符，准确率 100%。

12.5%　43.2%　84.7%　57.4%　56.8%　87.6%　23.9%　89.3%　13.4%
26.5%　34.6%　47.4%　58.9%　69.8%　73.6%　85.8%　67.8%　76.5%
39.8%　93.21%　34.56%　65.43%　45.67%　79.6%　85.4%　67.8%　69.0%
53.8%　33.6%　18.5%　26.3%　19.6%

练习四

要求：每分钟 200 字符以上，准确率 100%。

8015.8　12870.9　15381.1　73.7　601.9　558.4　1461.5　2178.8　2196.7
5284.3　20784.9　26782.9　33261.9　43015　45614　85.8　512.1　744.2
1674.8　1612.2　1433.3　5127.0　8391.9　7250.7　8015.8　12870.9　528784.3
784.97　6782.9

练习五

要求：每分钟 200 字符以上，准确率 100%。

37.7% 26.8% 17.2% 46.8% 65.3% 72.6% 19.3% 5.2% 2.2% 3.8% 8.4% 6.1% 8.9% 1.1% 8.4% 0.7% 25.08% 16.55% 39.49% 77.53% 89.52% 92.27% 24.74% 70.45%

第五节 实战练习

练习一 十一位数练习（模拟手机号）

13325349761 13834701586 13768759321 13325408719 13993285746
13793215706 13334620157 13902317965 13792671450 13305163784
13906724895 13726015473 13431572406 15935210769 13778041693
13456214930 15976384259 13051624973 13414570268 15907896532
13072530891 13849238571 15931267048 13093462015 13870231698
13239176245 13020517468 13810673498 13602745891 13653167240
13892531067 13238704169 13654621397 13507649528 13226153497
13621458036 13520798653 13296143078 13563924857 13505932168
13639256104 13587023169 13532917645 13691052637 13561075349
13502471365 13615326840 13559241307 13534870516 13656471039

练习二 十八位数练习（模拟身份证号）

769015824396245123 462139057853810567 734825690130619517
516239470871509854 803619254795802779 068759234143789234
614308729509583653 390482716568507189 180325794637612579
904538762168915096 708952631471960432 298561340716928129
871052463990456532 073624895112349832 894061235717430543
420573198669172543 983120567478690357 378901562409634890
546103927845390312 073482596152071321 941523807676140354
870351924698470873 207865931414587532 861420793570958743
349028175616870677 719032586413862879 290463875195781275
760894152396185679 039865147251692690 986014257369034546
607352498121345879 978305124650732537 053167429827918098
198423065727869865 037891256460972790 453710692845629564

107458369236207953　　095263481747615743　　087146293539857007

031789652461438863　　875132096467094237　　832904716561785538

072914368512487689　　239056487189567998　　276098415339718668

703985412615279473　　198602534747903571　　460825179362130664

297840613505174898　　305416827972691643

第八章

五笔速录的拆字基础

第一节 五笔速录与五笔打字在学习中的特点

本章内容适用于最通用的五笔输入法 86 版。

五笔速录的拆字方法与五笔字型的拆字方法是一样的。

五笔速录的学习者有两种，一种是已经熟练掌握五笔输入普通打法的人，另一种是从头学习五笔字型的人。

熟悉五笔普通打法的人学习五笔速录时要学的主要是双手并击打法和英文二倍速打法，同时把字根所对应的“键位”改为字根所对应的英文字母。

从未学过五笔字的人比较容易学习五笔速录，其学习进度要比学五笔打字快。从头学五笔速录的人可以少走许多“弯路”，例如：不熟悉英文键盘的人不必先熟悉普通键盘的 26 个字母的盲打方法，可直接学习双手并击的盲打方式；不必先学会一般五笔打字方法再学习双手并击打法，而是直接学习双手并击打五笔的方法，这样不仅节省时间，而且不易造成两种方式记忆上的混乱。

五笔速录的学习流程是：26 个英文字母双手并击→英文双手并击→熟悉五笔字编码→五笔字双手并击（与英文双手并击等同）。

不论学生是否熟悉一般键盘的 26 个字符的打法，都可直接学习双手并击的盲打方法，这是指法学习的捷径。

学好五笔速录的基础有两个：一是英文二倍速的基础要扎实，两个英文字符的打法要连贯；二是从文字到字符的思维能力越快越好，例如写出一个“桌”字，就要能立即反应出它是由 HJS 组成的。

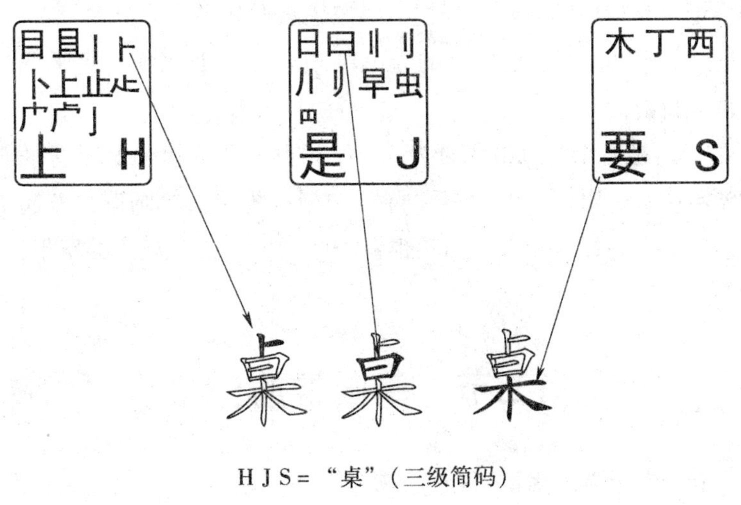

HJS=“桌”（三级简码）

学习五笔打字的人要熟悉两个环节：一要学会把字拆出字根，二要熟记字根在键盘上的分布。

对五笔速录的零起点学生来说，他们学五笔速录的思维要比学五笔打字的思维少了一个记忆环节——无须记忆字根在键盘上的分布，只需把字拆出字根，把字根直接记忆成字母即可，也就是说只要知道“桌” = HJS 就会打了。

五笔速录的记忆方法比五笔打字更为简捷，两者的区别在于：五笔打字的着眼点一是把字拆成字根，二是熟悉字根的键位，归宿是“键位”，所以要熟悉如下所示的键位图。五笔速录的归宿不是“键位”，而是“字母”。五笔打字的着眼点是熟悉字根—键位的对应关系，五笔速录的着眼点是熟悉字根—字母的对应关系。

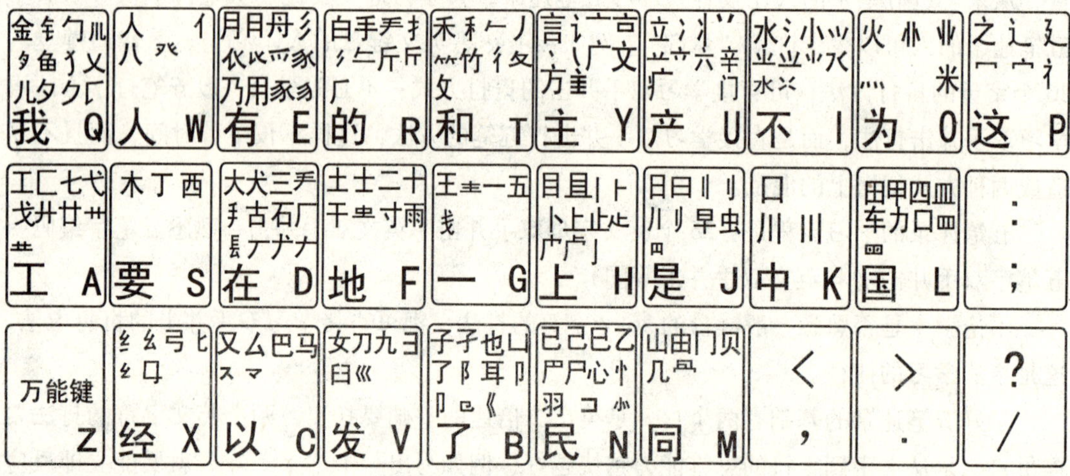

键位图中共有 202 个字根，以下的任务就是如何把这些字根转换成字母来记忆。经过实践证明，分类记忆是最好的方法，即把字根按笔画群和字根群分类。

5 个笔画群：先把 202 个字根按字的起笔笔画分为 5 个大群（笔画群），即横群、竖群、撇群、捺群、折群。

25 个字根群：再把每个笔画群划分为 5 个字根群，这样就有 25 个字根群。

在以后的学习中，一定要注意学习“群”的划分规律。笔画群是按起笔的顺序划分，字根群大体上是按字根的特点划分，当然也有一些看似不符合规律的字根，要特别注意它们是如何划分的。

第二节　笔画群的分类

笔画群分为横群、竖群、撇群、捺群、折群。

在划分笔画群时要注意：

1. 提笔“㇀”视为横“一”，如：“扌”“现”中的提笔为横。
2. 点笔“丶”视为捺“㇏”，如：“寸”“雨”中的点为捺。
3. 左竖钩为竖，如：“判”字的末笔画应属于竖。
4. 凡是勾在右边的，都归纳到折的区域中。
5. 转折均为折，即带转折、拐弯的笔画，都属于折。

笔画群	典型文字举例				
横群	王 G	土 F	大 D	木 S	工 A
竖群	目 H	日 J	口 K	田 L	山 M
撇群	禾 T	白 R	月 E	人 W	金 Q
捺群	言 Y	立 U	水 I	火 O	之 P
折群	已 N	子 B	女 V	又 C	纟 X

每一个笔画群里都举出了五个典型的字，由此可按这五个字的特点把每个笔画群划分为五个字根群。

练习一 按顺序背熟各笔画群的代表字。

练习二 熟记各代表字的英文符号，便于以后做字根群—字母的转换。

可参考下列记忆方法：

字根—字母的转换记忆表

笔画群	代表字	联想记忆方法
横群	王 G	Wang 的全拼的最后一个字母
	土 F	土的一半像是 F 的倒写
	大 D	大的拼音 Da 的首字母
	木 S	松木，松 Song 的首字母
	工 A	工序排列 A，B，C，其中的 A 工序
竖群	目 H	目字去三横就是 H
	日 J	节日，谐音（J）日
	口 K	Kou 的首字母
	田 L	L 形状像“田”字的一角
	山 M	M 形似两个山包

续表

笔画群	代表字	联想记忆方法
撇群	禾 T	梯（T）田里的禾苗
	白 R	白胖儿（R）子
	月 E	“E”联想到浏览器，E月——览月
	人 W	英文Women——女人，取词首W
	金 Q	Q形似金戒指
捺群	言 Y	言的拼音Yan的首字母
	立U	立着的U形试管
	水I	I形似水银柱
	火 O	一团火（O形似一团）
	之 P	见苍蝇拍（Pai）之
折群	已 N	已发“乙”音，“乙”字顺转90°为“N”
	子 B	B（鼻）子，谐音
	女 V	“女”的拼音Nv的韵母
	又 C	又操（Cao）心了
	纟 X	X，“爱嗑丝”的丝

第三节　横群的划分方法

横群是第一笔画为横的群，下分五个字根群：G（王）群、F（土）群、D（大）群、S（木）群、A（工）群。

基本规律：三横的归“王”群；
二横的归“土”群；
一横一撇归“大”群；
一横一竖归“木”群；
横竖搭桥的归“工”群。

特例：

1. “一”归“王”，“二”归“土”，“三”归“大”。

“一”为何归“王”群？因为“王”是横的“首群”，首群中一定有一个代表横的偏旁字，这就是“一”，这里不妨把“一”读成“横”。

一二三中，三为大，所以“三”归“大”群。

2. “十”本应归“木”群，但“十”是“土”和“士”的组成部分，也可顺理成章归到“土”群。

参看下表，寻找规律（注意：在以下分析规律时，为便于记忆，采用了有些幽默的方法）。

群名（中、英）	群记解释及补遗	练习
G 王 王 龶 一 五 戋 王 G	规律： 三横的归“王”群，如：王、青、戋、五，都是三横，其中戋字为准三横。 特例： “一”归“王”，“二”归土，“三”归“大”。 （青头：青字的上半部分龶） 青 生 gef tg	练习一 环 傲 伍 浅 是 练习二 王：玉、弄、琪、国、珏、往、望 青：青、情、倩、蜻、氰、圊、箐 戋：浅、笺、盏、栈 五：伍、吾、悟、捂、晤、焐、牾 一：开、末、天、于、五、下、事、画、不、来、平、列、屯、与、妻、到、互
F 土 土 士 二 十 干 雨 寸 雨 土 F	规律： 二横的归“土”群，如：土、士、二、干、寸、雨。 特例： 1. “十”随“土”“士”归属； 2. “寸”中的“、”视为横； 3. “革”字底与“干”相似； 革 af 4. 雨是由“干”演化而成。	练习一 土士：地、走、圭、款、老、裁、截、载、塔、堪、栽、坟、增、赤、士、仕、吉 二：贰、竺、行、动、云、运 干：干、刊、邗、旰、旱、顸、竿 练习二 十：协、午、千 寸：村、过、对、寺 雨：霜、雪、霖、露 革：鞭、鞋、鞯、靴
D 大 大 犬 三 𠂇 手 古 石 厂 镸 ア 𠂇 ナ 大 D	规律： 一横一撇归“大”群。 特例： 1. “古”与“石”相似； 2. “套”“着”两字含字根；	注意“看”和“着”所含字根的区别： 着 看 udh rhf

续表

群名（中、英）	群记解释及补遗	练习
D大 大犬三𡗗 龵古石厂 镸丆𠂇ナ 大 D	套 着 ddu udh 3. “厂”字变形“右”“页”“龙”； 右 页 龙 dk dmu dx 4. “套”的下半部分与“大”是“配套”的，因此归属“大”的名下。 镸套肆鬃髯鬓	（r） 横起 撇起 练习一 大、太、套、奋、夺 厂、右、在、咸、威、戌 犬、默、伏、状、臭 练习二 羊、样、佯、氧、羌 古、估、甜、舌、活 石、磊、拓、破、碎、砰 三、叁、仨、丰、拜
S木 木丁西 木 S	规律： 一横一竖归“木”群。 木、丁：含一横一竖。 西：写西字时头两笔像是写“丁”，因此“西”归属“木”群。	松木（Song 木，取 S） 练习 木、森、林、村、杖、枯 丁、汀、可、歌、哥 西、酣、洒、酒、要
A工 工匚七弋 戈廾廿卄 艹 工 A	规律： 横竖搭桥的归“工”群。 注意艹字根的变形： 升 共 革 tak aw af 注意字根的演化： 工→匚→七→弋→戈 廿→廾→卄→廾	注意七和匚的区别： 东 牙 ai ah 练习一 工：汞、仝、式、左、巧、代 戈：伐、戒、划、裁 艹：草、艺、艾、节、芍 匚：区、匹、巨、匝 七：皂、浇、沏、柒 练习二 革、泄、鞭、鞯、鞋 代、袋、垡、黛 昔、借、惜、共、黄 异、弄、卉、弃、弊

学习五笔字根时，千万不要背诵五笔口诀。以往学五笔打字的人往往口诀倒背如流，但打字时还是不会拆字，其中有两个原因：一是口诀中有许多不好表达的地方没有说细，有许多遗落之处；二是没有强调练，练多了自然会记住了。

练习一 G（王）群练习

王 ggg

五 gg

一 g

练习二 F（土）群练习

1．土 ffff

2．寺 ff

3．二 fg

4．于 gf

练习三 D（大）群练习

1．大 dd 或 dddd

2．三 dg

3．夺 df

4．城 fd

5．天 gd

练习四 S（木）群练习

1．木 ssss

2．林 ss

3．本 sg

4．末 gs

5．村 sf

6. 霜 fs

霜 霜

7. 枯 sd

枯 枯

8. 厅 ds

厅 厅

9. 酝 sgf

酝 酝 酝

10. 杜 sfg

杜 杜 一

左右型

最后一笔为横

练习五　A（工）群练习

1. 式 aa

式 式

2. 七 ag

七 七

3. 革 af

革 革

4. 基 ad

基 基

5. 苛 as

苛 苛

6. 开 ga

开 开

7. 载 fa

载 载

8. 左 da

左 左

9. 械 sa

械 械

10. 酝 sgf　11. 匡 agd　12. 荣 ags　13. 甘 afd　14. 某 afs　15. 苦 adf

16. 苯 asg　17. 茜 asf

第四节　竖群的划分方法

竖群是以竖起笔的群，其五个字根群分别是：目→日→口→田→山；

口中二横——目；

口中一横——日；

口中空——口；

口中有横竖——田；

口的上下不封口（或封不住）——山（由）。

基本规律：

1. 竖群的“首群”是“目”，首群中一定含有“竖”，所以“目”群中有“丨”。

2. “目”群由于是竖群中的首群，一定包含竖群中最常见的笔画——一竖接一横，即

先竖后横，例如“上”的开始两笔。凡“先竖后横”的字根都在“目”群。以后可以发现此类规律——凡在某一笔画群中，某两笔画顺写在此群中居首，一定会放在首群。请仔细看“目”群中**先竖后横**的各种变形。

3. “日”群由于是竖群的第二个群，所以形似两个竖的字根都分配在“日”群中。另外，字根“早”含“日”，所以在“日”群。字根“虫”，由于虫字中含有横着的“日”，所以也在日群。

4. “口”群是竖群的第三个群，所以形似三个竖的字根都分配在“口”群中。

特例：

1. “小口”与“大口”的归属有别。小口当然归属于“口”群，大口（如“国、园”等所含字根）就归属于下一个群——“田”群。

2. “甲”和“由”的归属有别。“甲”归于“田”群，“由”就归属于下一个群——“山”群，因为“由”的字形像“山”。

3. “车”“力”归于“田”群。因为种“田”需要男人和“车”，“男”字去掉“田”字就是“力”。

4. 由于“田”群是竖的第四群，所以把“四”及其变形安排在“田”群。

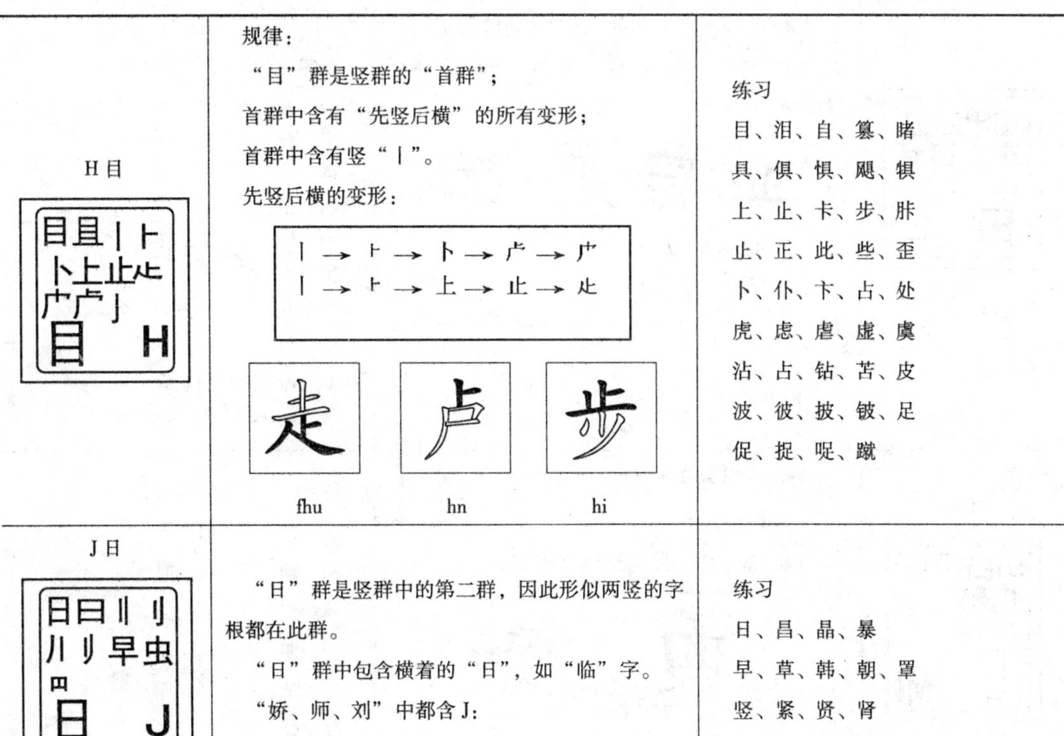

H 目	规律： “目”群是竖群的“首群”； 首群中含有“先竖后横”的所有变形； 首群中含有竖“丨”。 先竖后横的变形： 丨 → ⺊ → 卜 → 𠂉 → 𠂉 丨 → ⺊ → 上 → 止 → 龰 走 fhu　卢 hn　步 hi	练习 目、泪、自、纂、睹 具、俱、惧、飓、椇 上、止、卡、步、腓 止、正、此、些、歪 卜、仆、卞、占、处 虎、虑、虐、虚、虞 沾、占、钻、苫、皮 波、彼、披、铍、足 促、捉、呢、蹴
J 日	“日”群是竖群中的第二群，因此形似两竖的字根都在此群。 “日”群中包含横着的“日”，如“临”字。 “娇、师、刘”中都含J：	练习 日、昌、晶、暴 早、草、韩、朝、罩 竖、紧、贤、肾

续表

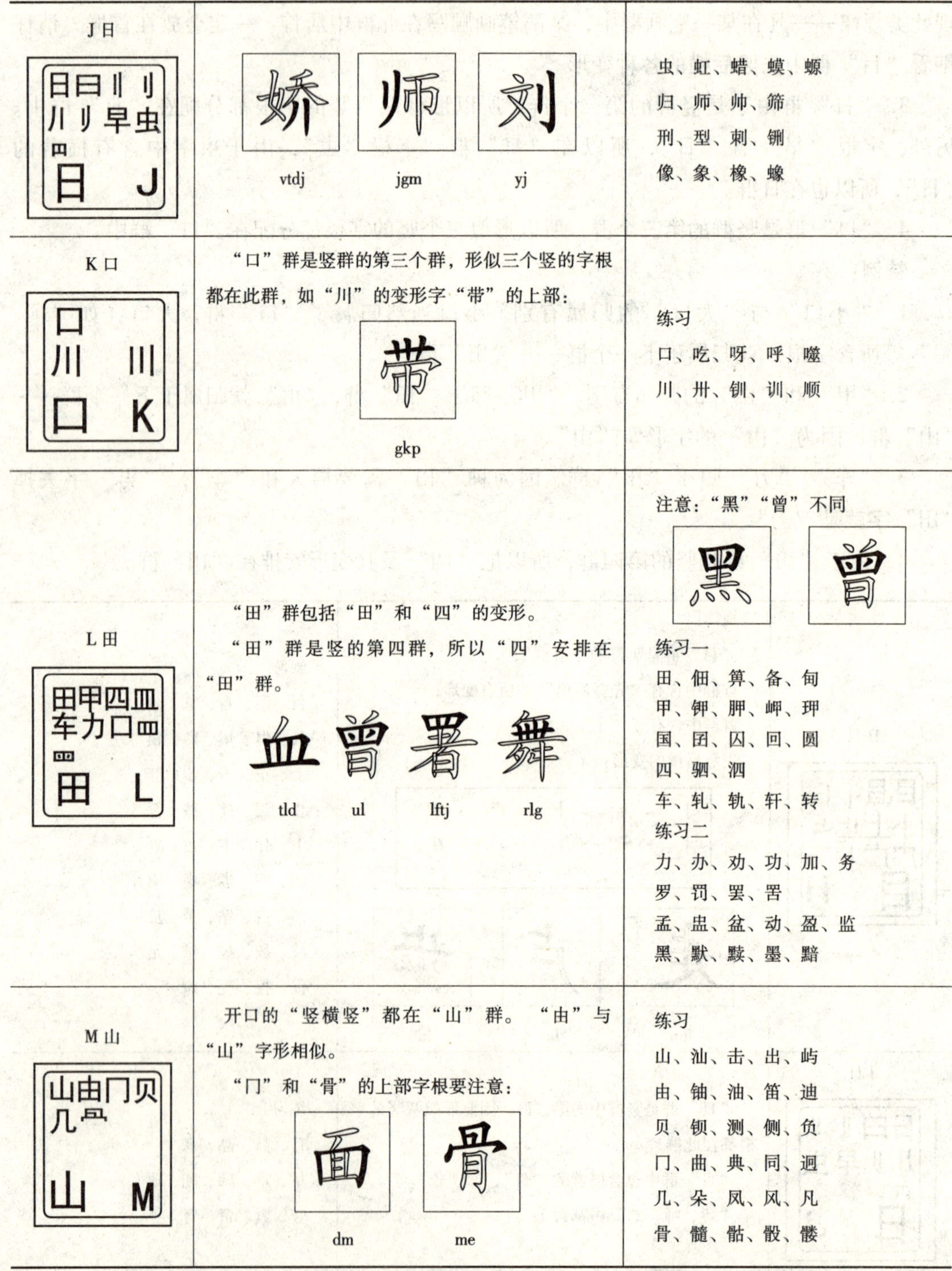

J 日	娇 vtdj　师 jgm　刘 yj	虫、虹、蜡、螟、螈 归、师、帅、筛 刑、型、刺、铡 像、象、橡、蟓
K 口	“口”群是竖群的第三个群，形似三个竖的字根都在此群，如“川”的变形字“带”的上部： 带 gkp	练习 口、吃、呀、呼、噬 川、卅、钏、训、顺
L 田	“田”群包括“田”和“四”的变形。 “田”群是竖的第四群，所以“四”安排在“田”群。 血 tld　曾 ul　署 lftj　舞 rlg	注意：“黑”“曾”不同 黑　曾 练习一 田、佃、箅、备、甸 甲、钾、胛、岬、玾 国、団、囚、回、圆 四、驷、泗 车、轧、轨、轩、转 练习二 力、办、劝、功、加、务 罗、罚、罢、詈 孟、盅、盆、动、盈、监 黑、默、黩、墨、黯
M 山	开口的“竖横竖”都在“山”群。“由”与“山”字形相似。 “冂”和“骨”的上部字根要注意： 面 dm　骨 me	练习 山、汕、击、出、屿 由、铀、油、笛、迪 贝、钡、测、侧、负 冂、曲、典、同、迥 几、朵、凤、风、凡 骨、髓、骷、骰、髅

练习一　H（目）群练习

1. 目 hhhh
2. 止 hh
3. 睛 hg
4. 睦 hf
5. 睚 hd
6. 盯 hs
7. 虎 ha

8. 下 gh
9. 直 fh
10. 丰 dh
11. 相 sh
12. 牙 ah

13. 武 gah　14. 填 ffh　15. 古 dgh　16. 厦 ddh　17. 厢 dsh　18. 杆 sfh
19. 楔 sdh　20. 荐 adh　21. 芽 aah

练习二　J（日）群练习

1. 日 jjjj
2. 昌 jj
3. 量 jg

4. 时 jf
5. 晨 jd
6. 果 js
7. 虹 ja
8. 早 jh
9. 理 gj
10. 进 fj
11. 百 dj

12. 查 sj　　13. 划 aj　　14. 旧 hj

15. 蚕 gdj　16. 埯 fdj　17. 埂 fgj　18. 硬 dgj　19. 碴 dsj　20. 醒 sgj

21. 楂 ssj　22. 模 saj　23. 菲 adj　24. 颗 jsd　25. 理 gjf　26. 坦 fjg

27. 埋 fjf　28. 碍 djg　29. 非 djd　30. 查 sjg　31. 棵 sjs　32. 莫 ajd

33. 蚶 jaf　34. 蛙 jff

练习三　K（口）群练习

1. 口 kkkk　　2. 吕 kk

3. 呈 kg　　4. 叶 kf　　5. 顺 kd

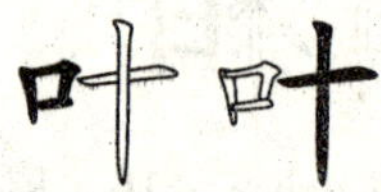

6. 呆 ks　　7. 呀 ka　　8. 中 kh

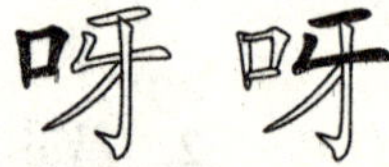

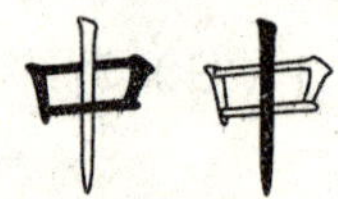

9. 虽 kj　　10. 事 gk　　11. 吉 fk

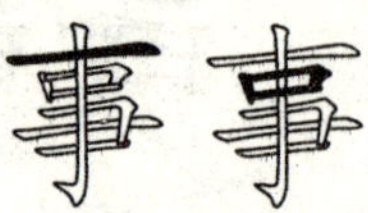

12. 右 dk　　13. 可 sk　　14. 或 ak

15. 占 hk　　16. 蝇 jk

17. 吴 kgd　18. 吓 kgh　19. 哽 kgj　20. 喇 kgk　21. 哇 kff　22. 嚅 kfd

23. 啧 kfa　24. 嘲 kfj　25. 嘻 kfk　26. 喹 kdf　27. 嘎 kdh　28. 啡 kdj

29. 嘌 ksf　30. 啉 kss　31. 喳 ksj　32. 哐 kag　33. 嘶 kad　34. 噶 kaj

35. 践 khg　　36. 趺 khf

练习四　L（田）群练习

1. 男 ll

男 男

2. 车 lg

车 车

3. 轩 lf

轩 轩

4. 因 ld

5. 困 ls

6. 轼 la

轼 轼

7. 四 lh

四 四

8. 辊 lj

辊 辊

9. 加 lk

加 加

10. 画 gl

11. 协 fl

协 协

12. 历 dl

历 历

13. 楞 sl

楞 楞

14. 功 al

功 功

15. 卤 hl

16. 曙 jl

曙 曙

17. 另 kl

另 另

18. 盂 gfl　19. 坜 fdl　20. 盐 fhl　21. 礓 dgl　22. 檑 sfl　23. 枥 sdl
24. 勒 afl　25. 蔓 ajl　26. 荔 all　27. 瞄 hal　28. 鄙 kfl　29. 辐 lgk
30. 畦 lff　31. 辕 lfk　32. 畸 lds　33. 罪 ldj　34. 轲 lsk　35. 罩 lhj
36. 架 lks　37. 副 gkl

练习五　M（山）群练习

1. 册 mm

册 册

2. 同 mg

3. 财 mf

财 财

4．央 md

央 央

5．朵 ms

朵 朵

6．曲 ma

曲 曲

7．由 mh

由 由

8．则 mj

则 则

9．迥 mk

迥 迥

10．崭 ml

崭 崭

11．现 gm

现 现

12．南 fm

南 南

13．面 dm

面 面

14．机 sm

机 机

15．贡 am

贡 贡

16．贞 hm

贞 贞

17．遇 jm

遇 遇

18．员 km

员 员

19．轴 lm

轴 轴

20．瑛 gam　21．融 gkm　22．珊 gmm　23．埚 fkm　24．碛 dgm　25．硕 ddm
26．磺 dam　27．柄 sgm　28．楠 sfm　29．顶 sdm　30．梵 ssm　31．桢 shm
32．栅 smm　33．贰 afm　34．项 adm　35．觇 hkm　36．师 jgm　37．蜗 jkm
38．啧 kgm　39．喃 kfm

第五节　撇群的划分方法

“撇”群是以撇起笔的群，其五个字根群分别是禾→白→月→人→金。

基本规律：

撇群“禾”为首；

一撇“丿”在首群；

两撇在二群——“白”；

三撇在三群——“月”；

一撇一横在一群——“禾”；

一撇两横在二群——“白”；

一撇三横在三群——“月”；

撇捺不交在四群——“人”；

撇捺相交在五群——“金”；

“彳”有竖放一群——“禾”；

“扌”随“手”放二群——“白”；

犬“鱼”交叉其余项；

撇横撇、撇竖勾都在第五群——“金”。

规律细说：

1. “禾”群是首群，内一定含字根“丿”。含一个撇的字根放在首群，含两撇的放在第二群（例如“勿”字有两撇，属第二群）。

2. 撇群中，含有“先撇后横”的笔画居首，所以把这类笔画都归于首群“禾”。

3. 属于纯粹双撇的字根应放在第二字根群“白”群中。头两笔都是撇（两撇）的都在第二群，如“斤”“爪”中的头两笔都是撇。但双人旁“彳”是特例，它作为字根不同于“双撇”，比“双撇”多了一笔竖“丨”。

可以这样记忆：纯两撇在二群，“两撇一竖”在一群。

4. “一撇两横”的字根（例如“手”）都放在第二群——“白”群。严格地说，第二群应以“手”做代表，选“白”字而不是“手”字那样明显地表示“一撇两横”的字根，也许是因为读起来比“手”顺口。

提手“扌”字根由于有“手”的音，所从也随“手”放在第二群——“白”群。

5. 三撇字根“彡”显然要放在第三群——“月”群。

6. “一撇三横”的字根都放在第三群——“月”群。

7. “月”的变形字根和“彡”的变形字根都放在“月”群。

8. “先撇后捺”的字根都属第四群——“人”群。注意这里的“先撇后捺”是指撇和捺不交叉的，有交叉的放到第五群。

9. “人”的变形字根都属“人”群。

10. 首群到第四群的特征都比较明显，第五群除“金”“鱼”比较明显外，其余都是撇群中比较古怪的笔画，包括：撇横撇（多、夕、“然”的左部）、撇竖勾（如“氏”的左部、儿、“荒”的下半部，勹等）、撇捺交叉（如“乂”去点）、犬字旁“犭”。

特例：

1．撇捺不交叉属“人”群，撇捺交叉属“金”群。

2．“斤”的左侧是撇加撇，双撇在第二群——“白”群；“氏”的左部是撇竖勾，在第五群——“金”群。

3．提手旁“扌”按理应放在横群，因其习惯称为“提手”旁或“扶手”旁，所以放在“手”群。

4．双人旁“彳”一看头两笔是双撇，应归于二群，但实际归于一群“禾”，是因为此字根比纯双撇还多了一笔“丨”。

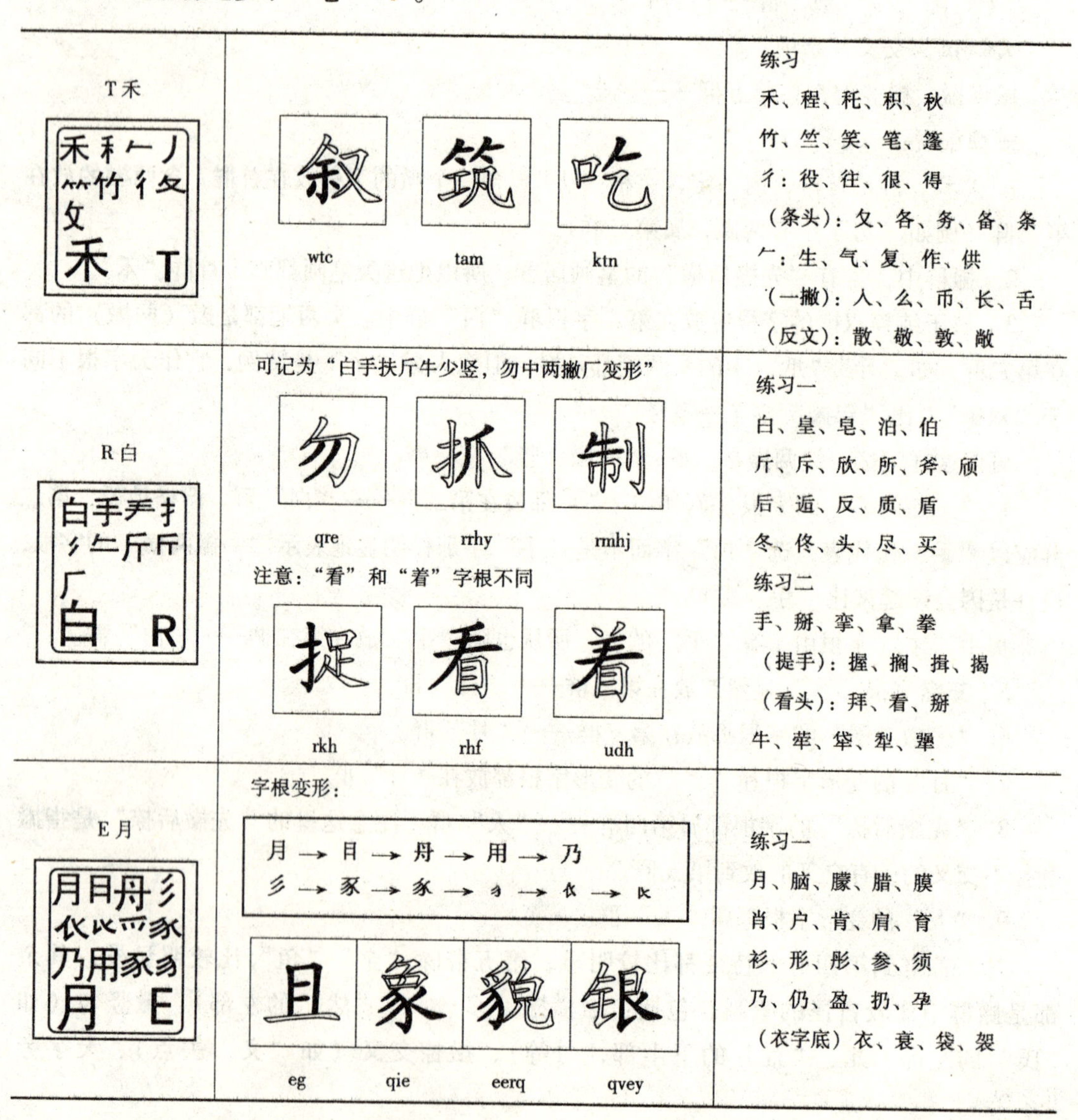

键位	示例	练习
T禾	叙 wtc　筑 tam　吃 ktn	练习 禾、程、秏、积、秋 竹、竺、笑、笔、篷 彳：役、往、很、得 （条头）：攵、各、务、备、条 𠂉：生、气、复、作、供 （一撇）：人、么、币、长、舌 （反文）：散、敬、敦、敞
R白	可记为“白手扶斤牛少竖，勿中两撇厂变形” 勿 qre　抓 rrhy　制 rmhj 注意：“看”和“着”字根不同 捉 rkh　看 rhf　着 udh	练习一 白、皇、皂、泊、伯 斤、斥、欣、所、斧、颀 后、逅、反、质、盾 冬、佟、头、尽、买 练习二 手、掰、挛、拿、拳 （提手）：握、搁、揖、揭 （看头）：拜、看、掰 牛、牵、牮、犁、犟
E月	字根变形： 月→⺝→丹→用→乃 彡→豕→豖→⺗→𧘇→⻀ 且 eg　象 qie　貌 eerq　银 qvey	练习一 月、脑、朦、腊、膜 肖、户、肯、肩、育 衫、形、彤、参、须 乃、仍、盈、扔、孕 （衣字底）衣、衰、袋、袈

续表

E月	注意“采”“舟”的字根： 采 舟 es tei	练习二 逐、啄、琢、涿 貌、豸、貘、貊 舟、船、航、舡、般 根、艮、良、狼 用、佣、拥、痈、甬
W人	人→八→癶→夊 登 祭 wgkq wfi	练习 人、个、介、从、仑、今 亻、休、伟、伍、伏、优、伐 八、分、公、六、兮 癸、登、凳、葵
Q金	狗 久 然 qtq qy qd 注意：“狗”取的字根不是“犭”，而是少一撇。 多 氏 荒 qq qa aynq 𠂆 迎 卯 印 贸 乐	练习 鑫、鉴、錾、鏊、钇、钨、钛 勹：勺、勾、甸、沟 鲽、[illegible]、鲁、鳇 狗、猫、狂、猾 希、交、铰、饺、效 流、梳、锍、荒 久、灸、玖、危、希、龟、色 贸、卵、留 外、歹、岁、名 儿、兀、元、兄、充、先、克、竞

练习一　T（禾）群练习

1. 笔 tt

笔 笔

2. 生 tg

生 生

3. 行 tf

行 行

4. 知 td

知 知

5. 条 ts

条 条

6. 长 ta

长 长

7. 处 th

处 处

8. 得 tj

得 得

9. 各 tk

各 各

10. 务 tl

务 务

11. 向 tm

向 向

12. 玫 gt

玫 玫

13. 才 ft

才 才

14. 帮 dt

帮 帮

15. 格 st

格 格

16. 攻 at

攻 攻

17. 睡 ht

睡 睡

18. 昨 jt

昨 昨

19. 呼 kt

呼 呼

20. 力 lt

力 力

21. 几 mt

几 几

22. 政 ght　23. 堵 fft　24. 乾 fjt　25. 奢 dft　26. 夏 dht　27. 梆 sdt

28. 桡 sat　29. 槛 sjt　30. 著 aft　31. 蓝 ajt　32. 菌 alt　33. 睹 hft

34. 暑 jft　35. 哮 ftb　36. 路 kht　37. 团 lft　38. 畴 ldt　39. 征 tgh

40. 财 mft　41. 帐 mht

练习二　R（白）群练习

1. 折 rr

折 折

2. 后 rg

后 后

3. 持 rf

持 持

4. 拓 rd

拓 拓

5. 打 rs

打 打

6. 找 ra

找 找

7. 年 rh

年 年

8. 提 rj

提 提

9. 扣 rk

扣 扣

10. 押 rl

押 押

11. 抽 rm

抽 抽

12. 手 rt

手 手

13. 珠 gr

珠 珠

14. 垢 fr

垢 垢

15. 原 dr

原 原

16. 析 sr

析 析

17. 匠 ar

匠 匠

18. 睥 hr

睥 睥

19. 蝗 jr

蝗 蝗

20. 听 kr

听 听

21. 斩 lr

斩 斩

22. 贩 mr

贩 贩

23. 物 tr

物 物

24. 塬 fdr　25. 晢 srr　26. 靳 afr　27. 螈 jdr　28. 晰 jsr　29. 趺 khr
30. 哦 ktr　31. 啪 krr　32. 帕 mhr　33. 罂 mmr　34. 犁 tjr　35. 抹 rgs
36. 乒 rgt　37. 持 rff　38. 盾 rfh　39. 拮 rfk　40. 擂 rfl　41. 质 rfm
42. 拷 rft　43. 振 rdf

练习三　E（月）群练习

1. 朋 ee

朋 朋

2. 且 eg

且 且

3. 肝 ef

肝 肝

4. 须 ed

须 须

5. 采 es

采 采

6. 肛 ea

肛 肛

7. 胩 eh

胩 胩

8. 胆 ej

胆 胆

9. 肿 ek

肿 肿

10. 肋 el

肋 肋

11. 肌 em

肌 肌

12. 用 et

用 用

13. 遥 er

14. 表 ge

表 表

15. 圾 fe

圾 圾

16. 胡 de

胡 胡

17. 极 se

极 极

18. 菜 ae

菜 菜

19. 肯 he

肯 肯

20. 明 je

明 明

21. 吸 ke

吸 吸

22. 胃 le

胃 胃

23. 骨 me

骨 骨

24. 秀 te

秀 秀

25. 扔 re

扔 扔

26. 瑚 gde　27. 形 gae　28. 博 fge　29. 超 fhe　30. 朝 fje　31. 袁 fke
32. 堋 fee　33. 辰 dfe　34. 硼 dee　35. 彬 sse　36. 萌 aje　37. 莠 ate
38. 藐 aee　39. 晴 jge　40. 蝴 jde　41. 哺 kge　42. 啃 khe　43. 喟 kle
44. 嘣 kme　45. 畏 lge

练习四　W（人）群练习

1. 从 ww

从 从

2. 全 wg

全 全

3. 会 wf

4. 估 wd

估 估

5. 休 ws

休 休

6. 代 wa

代 代

7. 个 wh

8. 介 wj

9. 保 wk

保 保

10. 佃 wl

佃 佃

11. 仙 wm

仙 仙

12. 作 wt

作 作

13. 伯 wr

伯 伯

14. 仍 we

仍 仍

15. 珍 gw

珍 珍

16. 夫 fw

夫 夫

17. 春 dw

春 春

18. 检 sw

检 检

19. 共 aw

共 共

20. 具 hw

具 具

21. 蛤 jw

蛤 蛤

22. 只 kw

只 只

23. 办 lw

办 办

24. 内 mw

内 内

25. 答 tw

答 答

26. 失 rw

失 失

27. 脸 ew

脸 脸

28. 琴 ggw　29. 珙 gaw　30. 丙 gmw　31. 截 faw　32. 真 fhw　33. 协 flw

34. 酚 sgw　35. 棱 sfw　36. 棒 sdw　37. 枳 skw　38. 枘 smw　39. 鞭 afw

40. 其 adw　41. 苏 alw　42. 黄 amw　43. 睦 hfw　44. 暴 jaw　45. 哄 kaw

46. 趴 khw　47. 呐 kmw

练习五　Q（金）群练习

1. 金 qqqq

金金金金

2. 多 qq

多多

3. 钱 qg

钱钱

4. 针 qf

5. 然 qd

然然

6. 钉 qs

钉钉

7. 氏 qa

氏氏

8. 外 qh

外外

9. 旬 qj

旬旬

10. 名 qk

名名

11. 甸 ql

甸甸

12. 负 qm

负负

13. 儿 qt

儿儿

14. 铁 qr

铁铁

15. 角 qe

角角

16. 欠 qw

欠欠

17. 列 gq

列列

18. 无 fq

无无

19. 克 dq

克克

20. 构 sq

构构

21. 区 aq

区区

22. 餐 hq

23. 晚 jq

晚晚

24. 史 kq

史史

25. 罗 lq

罗罗

26. 风 mq

风风

27. 称 tq

称称

28．换 rq　　29．胸 eq　　30．你 wq

换换　胸胸　你你

31．玩 gfq　32．更 gjq　33．吏 gkq　34．现 gmq　35．瑰 grq　36．殉 gqq

37．赵 fhq　38．艳 dhq　39．砚 dmq　40．爽 dqq　41．梦 ssq　42．枫 smq

43．槐 srq　44．攀 sqq　45．葬 agq　46．鞠 afq　47．钙 qgh　48．锲 qdh

49．锋 qtd　50．衔 tqf

第六节　捺群的划分方法

捺群是以捺起笔的群，其五个字根群分别是言→立→水→火→之。注意：点起算捺群。

基本规律：

1．点“、”属捺群，点和捺两字根都放于首群——“言”群。

2．“一点一横”在捺群居首，因此放在首群。

3．捺群是以“点”为主的笔画群，与其说是捺群，不如说是“点”群。

只有一点的字根，放于首群——“言”群；

有两点的字根放于第二群——“立”群；

有三个点的字根放于第三群——“水”群；

有四个点的字根放于第四群——“火”群；

顶着点走的是第五群——“之”群。

从五个群名来看，有四个都有“点”——除“水”之外。

4．“立”和“六”都有“一点一横”的特征，为何放在二群而不放在一群呢？因为这两个字都有两个点，放在哪个群里都符合条件，考虑到第一群已经有十个字根，第二群不算“立”和“六”只有六个字根，如果把这两个算作第一群，第一群会增加到 12 个，两群字根个数比是 12∶6，相差太悬殊，所以还是放到第二群，这样个数比为 10∶8，键盘的利用率比较均衡。

5．“水”字没有“点”，为何用“水”代表“三点”群？因为“水”的左边是两笔，右侧是两笔，可以想象成四个“点”，等同于“兆”字左右两个点，但“兆”字的四个点没有按着“四个点”群——“火”群来拆，而是当“水”来拆。同样“水”也不能当做“四个点”放到“火”群中——“水火不相容”。所以把“水”当做虚“四点”和实“三点”来看，这样比“三点”还“虚高一点”的“水”就当上了“三点”群的代表，因为

"水"毕竟是好读的成字字根。

6. "火"是四点的象征。"杰"的下四点、"业"的横上四笔、"赤"的土下四笔、"米"的四个点，都属于"火"群。

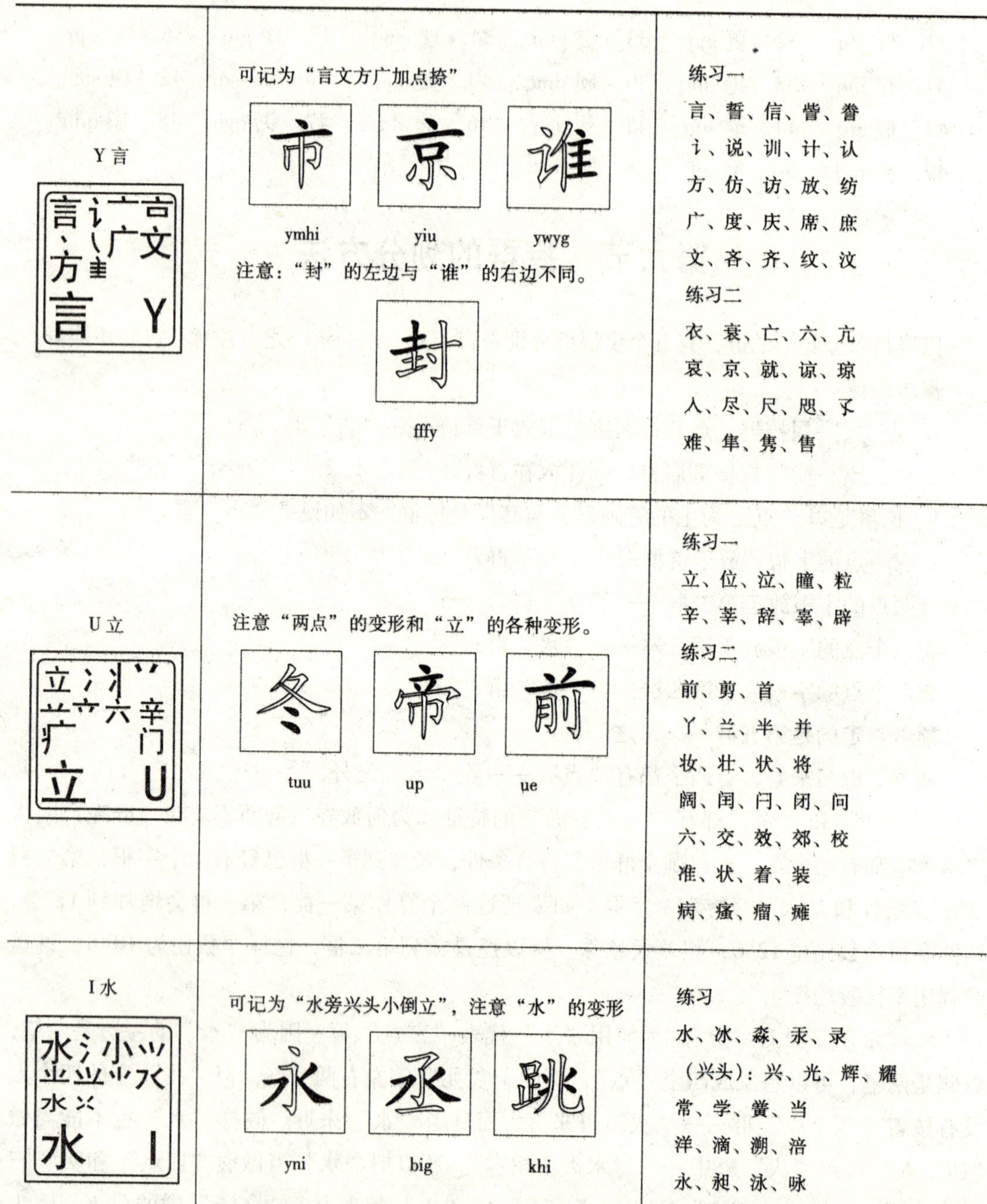

键位	说明	练习
Y 言	可记为"言文方广加点捺" 市 ymhi　京 yiu　谁 ywyg 注意："封"的左边与"谁"的右边不同。 封 fffy	练习一 言、誓、信、訾、眷 讠、说、训、计、认 方、仿、访、放、纺 广、度、庆、席、庶 文、吝、齐、纹、汶 练习二 衣、衰、亡、六、亢 哀、京、就、谅、琼 人、尽、尺、咫、孓 难、隼、隽、售
U 立	注意"两点"的变形和"立"的各种变形。 冬 tuu　帝 up　前 ue	练习一 立、位、泣、瞳、粒 辛、莘、辟、辜、辟 练习二 前、剪、首 丫、兰、半、并 妆、壮、状、将 阔、闰、闩、闭、问 六、交、效、郊、校 准、状、着、装 病、瘙、瘤、瘫
I 水	可记为"水旁兴头小倒立"，注意"水"的变形 永 yni　丞 big　跳 khi	练习 水、冰、森、汞、录 （兴头）：兴、光、辉、耀 常、学、黉、当 洋、滴、溯、涪 永、昶、泳、咏

续表

O 火 	注意“业”和“赤”的字根变化    og fo yo	练习 火、炎、焱、灾、伙 业、亚、严、俨 迹、亦、变、娈 熟、熊、热、煎、照 米、莱、来、悉
P 之 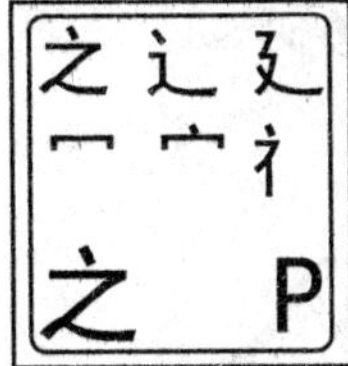	可记为“之宝盖，摘 衤（示）衤（衣）”，注意：“衤（示）衤（衣）”不是五笔字根，要“摘”掉其中的“点”才是字根    puhc pynn pjd	练习 之、泛、芝、眨、乏 边、迢、逐、遏 廷、延、建、健 礼、祖、社、祺 宝、害、寄、豁 军、冥、幂、写

练习一　Y（言）群练习

1. 方 yy

2. 主 yg

3. 计 yf

4. 庆 yd

5. 订 ys

6. 度 ya

7. 让 yh

8. 刘 yj

9. 训 yk

10. 为 yl

11. 高 ym

12. 放 yt

13. 诉 yr

14. 衣 ye

15. 认 yw

16. 义 yq

义 义

17. 玉 gy

玉 玉

18. 坟 fy

坟 坟

19. 太 dy

太 太

20. 术 sy

术 术

21. 芳 ay

芳 芳

22. 眩 hy

眩 眩

23. 景 jy

景 景

24. 嘛 ky

嘛 嘛

25. 罚 ly

罚 罚

26. 凡 my

凡 凡

27. 入 ty

入 入

28. 扩 ry

扩 扩

29. 及 ey

及 及

30. 信 wy

信 信

31. 久 qy

久 久

32. 丽 gmy　33. 堆 fwy　34. 议 yyq　35. 醉 sgy　36. 稿 tym　37. 杖 sdy
38. 搞 rym　39. 楞 sly　40. 脏 eyf　41. 蘑 ays　42. 镶 qyk　43. 蓑 ayk
44. 赃 myf　45. 斌 yga　46. 斑 gyg　47. 诗 yff　48. 坑 fym　49. 斋 ydm
50. 镀 qya　51. 调 ymf

练习二　U（立）群练习

1. 立 uu

立 立

2. 闰 ug

闰 闰

3. 半 uf

半 半

4. 关 ud

关 关

5. 亲 us

亲 亲

6. 并 ua

并 并

7. 站 uh

站 站

8. 间 uj

间 间

9. 部 uk

部 部

10. 曾 ul

曾 曾

11. 商 um

商 商

12. 产 ut

产 产

13. 瓣 ur

瓣 瓣

14. 前 ue

前 前

15. 闪 uw

闪 闪

16. 交 uq

交 交

17. 六 uy

六 六

18. 平 gu

平 平

19. 增 fu

增 增

20. 磁 du

磁 磁

21. 样 su

样 样

22. 燕 au

燕 燕

23. 瞳 hu

瞳 瞳

24. 暗 ju

暗 暗

25. 啼 ku

啼 啼

26. 较 lu

较 较

27. 赠 mu

赠 赠

28. 科 tu

科 科

29. 拉 ru

拉 拉

30. 胶 eu

胶 胶

31. 们 wu

们 们

32. 匀 qu

匀 匀

33. 说 yu

说 说

34．豆 gku　35．辣 ugk　36．坪 fgu　37．闭 uft　38．砰 dgu　39．减 udg
40．枰 sgu　41．瓶 uag　42．瘩 uaw　43．夹 guw　44．苹 agu　45．瘟 ujl
46．闭 uft　47．吴 kgd　48．兽 ulg　49．磋 dud　50．秤 tgu　51．校 suq
52．胖 euf　53．侠 wgu

练习三　I（水）群练习

1．水 ii

水 水

2．汪 ig

汪 汪

3．法 if

法 法

4．尖 id

尖 尖

5．洒 is

洒 洒

6．江 ia

江 江

7．小 ih

小 小

8．浊 ij

浊 浊

9．澡 ik

澡 澡

10．渐 il

渐 渐

11．没 im

没 没

12．少 it

少 少

13．泊 ir

泊 泊

14．肖 ie

肖 肖

15．兴 iw

兴 兴

16．光 iq

光 光

17．注 iy

注 注

18．洋 iu

洋 洋

19．不 gi

不 不

20．示 fi

示 示

21．砂 di

砂 砂

22．档 si

档 档

23．东 ai

东 东

24．步 hi

步 步

25．晃 ji

晃 晃

26．吵 ki

吵 吵

27．峭 mi

峭 峭

28．秒 ti

秒 秒

29．朱 ri

朱 朱

30．膛 ei

膛 膛

31．偿 wi

偿 偿

32．乐 qi

乐 乐

33．就 yi

就 就

34．冰 ui

冰 冰

35．环 ggi 36．添 igd 37．款 ffi 38．潜 ifw 39．趟 fhi 40．涛 idt
41．奈 dfi 42．湖 ide 43．砾 dqi 44．淹 idj 45．杯 sgi 46．歪 gig
47．漂 isf 48．蒜 afi 49．淋 iss 50．霄 fie 51．簿 tig 52．频 hid
53．洗 itf 54．倘 wim

练习四 O（火）群练习

1．炎 oo

炎炎

2．业 og

业业

3．灶 of

灶灶

4．类 od

类类

5．灯 os

灯灯

6．煤 oa

煤煤

7．粘 oh

粘粘

8．烛 oj

烛烛

9．炽 ok

炽炽

10．烟 ol

烟烟

11．灿 om

灿灿

12．烽 ot

烽烽

13．煌 or
煌煌

14．粗 oe
粗粗

15．粉 ow
粉粉

16．米 oy
米米

17．料 ou
料料

18．炒 oi
炒炒

19．来 go
来来

20．赤 fo
赤赤

21．灰 do
灰灰

22．杰 so
杰杰

23．萎 ao
萎萎

24．眯 ho
眯眯

25．显 jo
显显

26．噗 ko
噗噗

27．辚 lo
辚辚

28．赕 mo
赕赕

29．秋 to
秋秋

30．搂 ro
搂搂

31．膦 eo
膦膦

32．伙 wo
伙伙

33．炙 qo
炙炙

34．变 yo
变变

35．普 uo
普普

36．淡 io
淡淡

37．琰 goo　38．精 oge　39．亚 gog　40．糯 ofd　41．赦 fot　42．碰 duo
43．盔 dol　44．焚 sso　45．蕃 ato　46．烧 oat　47．虚 hao　48．爆 oja
49．哑 kgo　50．黑 lfo　51．炭 mdo　52．髅 meo　53．嶙 moq　54．垂 tga
55．番 tol　56．弈 yoa

练习五　P（之）群练习

1. 之 pp

之之

2. 定 pg

定定

3. 守 pf

守守

4. 害 pd

害害

5. 宁 ps

宁宁

6. 宽 pa

宽宽

7. 寂 ph

寂寂

8. 审 pj

审审

9. 宫 pk

宫宫

10. 军 pl

军军

11. 宙 pm

宙宙

12. 客 pt

客客

13. 宾 pr

宾宾

14. 家 pe

家家

15. 空 pw

空空

16. 宛 pq

宛宛

17. 社 py

社社

18. 实 pu

实实

19. 宵 pi

宵宵

20. 灾 po

灾灾

21. 琮 gp

琮琮

22. 过 fp

过过

23. 达 dp

达达

24. 棕 sp

棕棕

25. 芝 ap

芝芝

26. 瞎 hp

瞎瞎

27. 晕 jp

晕晕

28. 喧 kp

喧喧

29. 边 lp

边边

30. 迪 mp

迪迪

31. 管 tp

管管

32. 近 rp

近近

33. 爱 ep

34. 侬 wp

侬侬

35. 锭 qp

锭锭

36. 这 yp

这这

37. 帝 up

38. 学 ip

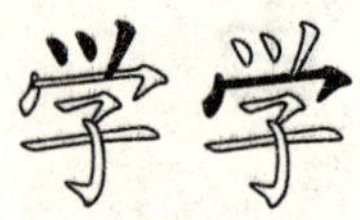

39. 迷 op

40. 迂 gfp　41. 宣 pgj　42. 珲 gpl　43. 壹 fpg　44. 寒 pfj　45. 远 fqp
46. 鬃 dep　47. 寄 pds　48. 牵 dpr　49. 檬 sap　50. 榨 spw　51. 莲 alp
52. 宦 pah　53. 蒙 apg　54. 稼 tpe　55. 窒 pwg　56. 亭 yps　57. 福 pyg
58. 祷 pyd　59. 谊 ype

第七节　折群的划分方法

折群是以折起笔的群，其五个字根群分别是已→子→女→又→纟。

基本规律：

“已”为折群之首，“乙”是折群的经典代表字。

一群主要以“已”和“心”为核心，凸显“折”和“横”的搭配。

二群主要以“子”和“阝”为核心，凸显竖和竖勾与“折”的搭配。

三群主要以“女”和“彐”为核心，凸显“折”和“撇”、“折”和“横”的搭配。

四群主要以“又”和“马”为核心，凸显“折”和“捺（点）”、“折”和“横折”的搭配。

五群主要以“纟”和“弓”为核心，凸显“折”和“折”的搭配。

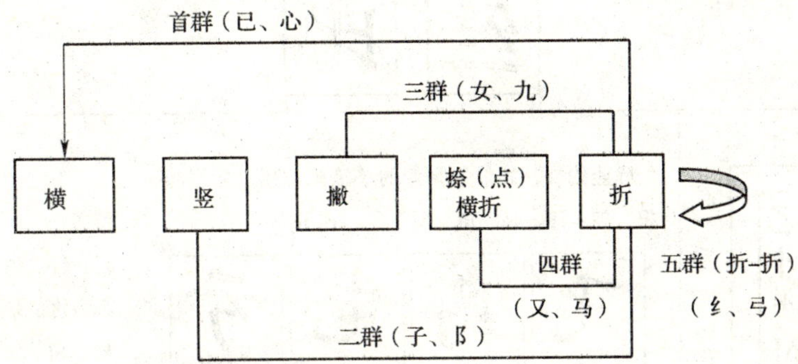

规律解释：

1. “已经”的“已”是折群之首，折的经典字“乙”自然应在群首“已”中，与“已”字形相近的字，如“己”“巳”，和“已”的变形字，如“尸”“眉”的上部分、“尸”字少一撇等都在“已”群。

2. “心”的写法是左边一点，右边两点，与“小”字右边多一点类似；竖心旁带个“心”的音；“羽”字可以视为两个“心”字叠加的变形，因此这三个“心”的变形字根都随“心”放在折的首群。

注意：首群字根都是“一折”与“一横”的关系，“一折”与“多横”的关系放到第三群——“女”群，例如“彐”和“舀”的下部。

3. “子”群是折群的第二个群，因此，把两个“折”的字根“巜”放在第二群——“子”群。观察第二群的字根，大部分都是“折”和“竖”（含竖勾）的搭配，如“了”“子”“孑”和“阝”“凵”。

4. “也”“㔾”“巜”等都有两个折，按惯例自然放到第二群——“子群”。

5. “耳”字和其他形式的耳刀字根也都随“阝”归到第二群——“子”群。

6. 第三群——“女”群的主题是“折”与“撇”的关系，例如“女”“九”“刀”等字根。

7. 三个折的字根“巛”自然要放到第三群——“女”群。

8. 第四群——“又”群的主题是“折”与“捺”或“点”的关系。

9. 第四群的另一个主题是“折”与“横折”的关系，如“巴”“马”。

10. 第五群——“纟”群的主题是“折”与“折”的关系，也叫做“多折”关系，如“纟”“弓”“ㄩ”等字根。

11. 字根“匕”看似是“折”与“撇”的关系，应放到“女”群，但是由于此字根的实际写法与“纟”相似，如下图所示，所以还是和“纟”放在一起。

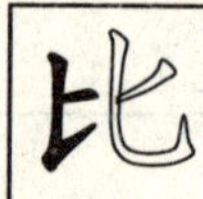

N 已

除竖钩外，其他带拐弯的单笔画都用“乙”字根，如：飞、鸟、电、亏、乳、司等。

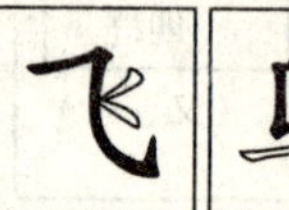

nui

qyng

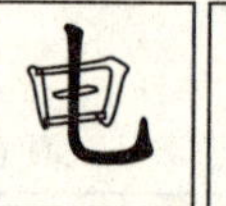

jn

fnv

注意“巷”和“卷”的区别：

awn

udbb

nhd

“眉”是字根“尸”的变形

𠃜 眉 声 湄 馨 嵋

练习一

忆、怀、慌、恬

九、仇、亿、艺

眉、睸、媚、楣

尸、屑、层、屉、尼

添、舔、忝、嵇

练习二

心、沁、忒、芯、杺

己、杞、妃、记、忌

巳、异、导、巷、港

羽、翔、扇、诩、羿、翅

B 子

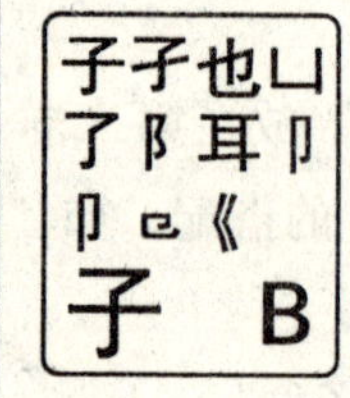

注意“耳”的变形。

bg

udbb

oqab

练习一

危、卷、巹、卮、抢、仓

卫、叩、印、爷

练习二

了、辽、哼 粼

也、驰、池

茸、取、耶、耵

函、涵、凶、击

子、孙、逊、享、郭

阳、陈、阿、隋

V 女

fv

vp

练习

巡、巢、甾、邕

女、好、妇、奶、妈

刀、招、刃、彻、盼

扫、寻、帚、灵

舅、春、舀、臾

旭、仇、染、杂

C 又		练习一 又、叉、劝、双、戏、对、观 巴、吧、邑、笆、邕 练习二 厶、么、牟、矣、县、良 轻、颈、劲、迳 预、予、柔、矜 马、驶、冯、驮、驰、闯
又厶巴马 ス マ 又 C	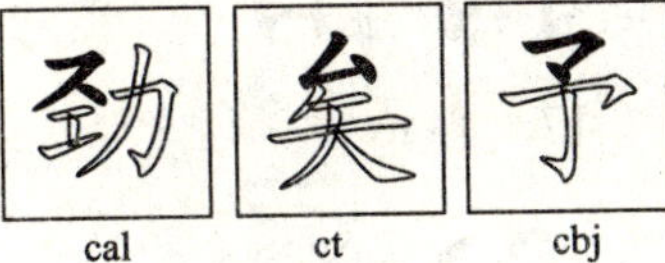 cal ct cbj	
X 纟	X 可读为“爱嗑丝”。	练习一 缦、缗、缚、绽、绿 强、引、弘、弛、张、弥 练习二 伦、北、死、此、旨 毋、母、侮、每 幼、幻、幽、兹
	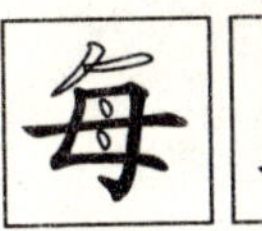    txg xxg xx xln	

练习一　N（已）群练习

1. 已 nnnn

已已已已

2. 忆 nn

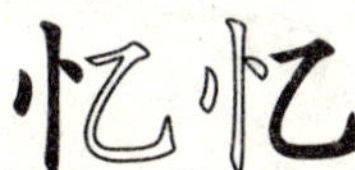

3. 怀 ng

4. 导 nf

5. 居 nd

6. 怵 ns

7. 民 na

8. 收 nh

9. 慢 nj

10. 避 nk

11. 惭 nl

12. 届 nm

13．必 nt

必必

14．怕 nr

怕怕

15．愉 nw

愉愉

16．懈 nq

懈懈

17．心 ny

心心

18．习 nu

习习

19．悄 ni

悄悄

20．屡 no

屡屡

21．忱 np

忱忱

22．与 gn

与与

23．志 fn

志志

24．成 dn

成成

25．杨 sn

杨杨

26．世 an

世世

27．卢 hn

卢卢

28．电 jn

电电

29．叫 kn

叫叫

30．思 ln

思思

31．岂 mn

岂岂

32．秘 tn

秘秘

33．所 rn

所所

34．甩 en

甩甩

35．亿 wn

亿亿

36．包 qn

包包

37．记 yn

记记

38．决 un

决决

39．沁 in

沁沁

40. 断 on

断断

41. 官 pn

官官

42. 瑟 ggn　43. 怔 ngh　44. 琚 gnd　45. 盂 gfl　46. 恃 nff　47. 霹 fnk
48. 夸 dfn　49. 惰 nda　50. 碾 dna　51. 配 sgn　52. 楣 snh　53. 茂 and
54. 懂 nat　55. 乱 tdn　56. 肠 enr　57. 伟 wfn　58. 钮 qnf　59. 屏 nua
60. 密 pnt　61. 写 pgn

练习二　B（子）群练习

1. 子 bb

子子

2. 卫 bg

卫卫

3. 际 bf

际际

4. 承 bd

5. 阿 bs

阿阿

6. 陈 ba

陈陈

7. 耻 bh

耻耻

8. 阳 bj

阳阳

9. 职 bk

职职

10. 阵 bl

阵阵

11. 出 bm

出出

12. 降 bt

降降

13. 孤 br

孤孤

14. 阴 be

阴阴

15. 队 bw

队队

16. 隐 bq

隐隐

17. 防 by

防防

18. 联 bu

联联

19．孙 bi

20．耿 bo

21．辽 bp

22．也 bn

23．屯 gb

24．地 fb

25．顾 db

26．李 sb

27．节 ab

28．最 jb

29．啊 kb

30．团 lb

31．邮 mb

32．季 tb

33．报 rb

34．服 eb

35．他 wb

36．凶 qb

37．离 yb

38．闻 ub

39．池 ib

40．籽 ob

41．字 pb

42．敢 nb

43．邢 gab　44．隔 bgk　45．趣 fhb　46．孺 bfd　47．存 dhb　48．隋 bda

49．础 dbm　50．酝 sgf　51．椭 sbd　52．邯 afb　53．茁 abm　54．篱 tyb

55．拖 rtb　56．拯 rbi　57．烹 ybo　58．郑 udb　59．障 buj　60．滁 ibw

61．院 bpf　62．爷 wqb

练习三　V（女）群练习

1. 妇 vv　妇妇
2. 姨 vg　姨姨
3. 寻 vf　寻寻
4. 姑 vd　姑姑
5. 杂 vs　杂杂
6. 毁 va　毁毁
7. 叟 vh　叟叟
8. 旭 vj　旭旭
9. 如 vk　如如
10. 舅 vl　舅舅
11. 妯 vm　妯妯
12. 九 vt　九九
13. 姝 vr　姝姝
14. 奶 ve　奶奶
15. 臾 vw　臾臾
16. 婚 vq　婚婚
17. 妨 vy　妨妨
18. 嫌 vu　嫌嫌
19. 录 vi　录录
20. 灵 vo　灵灵
21. 巡 vp　巡巡
22. 刀 vn　刀刀
23. 好 vb　好好
24. 妻 gv　妻妻
25. 雪 fv　雪雪
26. 肆 dv　肆肆
27. 要 sv　要要

28．切 av

切切

29．眼 hv

眼眼

30．归 jv

归归

31．哪 kv

哪哪

32．轨 lv

轨轨

33．委 tv

委委

34．扫 rv

扫扫

35．妥 ev

36．分 wv

分分

37．争 qv

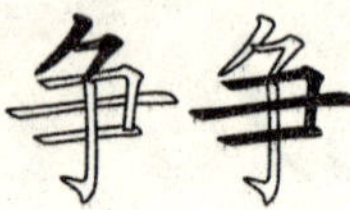

38．良 yv

39．妆 uv

妆妆

40．当 iv

当当

41．娄 ov

42．恨 nv

恨恨

43．限 bv

限限

44．玢 gwv　45．妍 vga　46．珆 gvk　47．超 fhv　48．娃 vff　49．垠 fve
50．威 dgv　51．碌 dvi　52．档 siv　53．根 sve　54．萎 atv　55．媒 vaf
56．菇 avd　57．睫 hgv　58．笋 avt　59．廊 yyv　60．滔 ive　61．腿 eve
62．慷 nyv　63．娜 vvf

练习四　C（又）群练习

1．双 cc

双双

2．骊 cg

骊骊

3．对 cf

对对

4. 参 cd

参参

5. 骠 cs

骠骠

6. 戏 ca

戏戏

7. 骒 cj

骒骒

8. 台 ck

台台

9. 劝 cl

劝劝

10. 观 cm

观观

11. 矣 ct

矣矣

12. 牟 cr

牟牟

13. 能 ce

能能

14. 难 cw

难难

15. 允 cq

允允

16. 驻 cy

驻驻

17. 骈 cu

骈骈

18. 驼 cp

驼驼

19. 马 cn

马马

20. 邓 cb

邓邓

21. 艰 cv

艰艰

22. 到 gc

到到

23. 支 fc

支支

24. 友 dc

友友

25. 权 sc

权权

26. 芭 ac

芭芭

27. 皮 hc

皮皮

28. 紧 jc

紧紧

29. 吧 kc

吧吧

30. 轻 lc

轻轻

31．凤 mc

凤凤

32．么 tc

么么

33．反 rc

反反

34．肥 ec

肥肥

35．公 wc

公公

36．色 qc

色色

37．充 yc

充充

38．冯 uc

冯冯

39．汉 ic

汉汉

40．烃 oc

烃烃

41．怪 nc

怪怪

42．取 bc

取取

43．妈 vc

妈妈

44．琶 ggc　45．至 gcf　46．坛 ffc　47．动 fcl　48．雄 dcw　49．叁 cde
50．酸 sgc　51．树 scf　52．靶 afc　53．颈 cad　54．茎 aca　55．歧 hfc
56．颇 hcd　57．野 jfc　58．丢 tfc　59．泽 icf　60．沟 iqc　61．惨 ncd
62．怡 nck　63．矛 cbt

练习五　X（纟）群练习

1．比 xx

比比

2．线 xg

线线

3．结 xf

结结

4．顷 xd

顷顷

5．缥 xs

缥缥

6．红 xa

红红

7. 引 xh

引引

8. 旨 xj

旨旨

9. 强 xk

强强

10. 细 xl

细细

11. 纲 xm

纲纲

12. 张 xt

张张

13. 绵 xr

绵绵

14. 级 xe

级级

15. 给 xw

给给

16. 约 xq

约约

17. 纺 xy

纺纺

18. 弱 xu

弱弱

19. 纱 xi

纱纱

20. 继 xo

继继

21. 综 xp

综综

22. 纪 xn

纪纪

23. 弛 xb

弛弛

24. 绿 xv

绿绿

25. 经 xc

经经

26. 互 gx

互互

27. 坳 fx

坳坳

28. 龙 dx

龙龙

29. 楷 sx

楷楷

30. 药 ax

药药

31．此 hx

此此

32．昆 jx

昆昆

33．哟 kx

哟哟

34．累 lx

累累

35．嶷 mx

嶷嶷

36．第 tx

第第

37．批 rx

批批

38．脂 ex

脂脂

39．化 wx

化化

40．镄 qx

镄镄

41．率 yx

率率

42．北 ux

北北

43．涨 ix

涨涨

44．糨 ox

糨糨

45．它 px

它它

46．尼 nx

尼尼

47．陛 bx

陛陛

48．姆 vx

姆姆

49．珑 gdx　50．绩 xgm　51．素 gxi　52．老 ftx　53．贯 xfm　54．绮 xds

55．垄 dxf　56．棍 sjx　57．花 awx　58．紫 hxx　59．绰 xhj　60．些 hxf

61．螺 jlx　62．绅 xjh　63．每 txg　64．混 ijx　65．宠 pdx　66．绽 xpg

67．惯 nxf　68．系 txi

第八节 五笔字速拆方法

五笔拆字的方法有如在地图上找地址。当不熟悉地址时，一般先要找到这个地址所在的省，再找到市，当同一地址找过几次之后，就无须先找省，直接就能找到市。如果对全部25个市都可以跳过省而直接找到，那么在地图上找地址的速度就会大大加快了，这就是“速拆”的原理。

五笔字根分为五个笔画群（相当于省），25个字根群（相当于市），初学五笔字时，拆字的流程是：

1. 按书写顺序拆分出字根。
2. 查出每个字根所对应的笔画群（找省地址），再找到对应的字根群。
3. 按顺序写出英文字符。

为了更快地找到字根所对应的英文字母，给出下面的快查工具——五笔字根速查表，并举例说明速查表的应用。

五笔字根速查表

横群					竖群					撇群					捺群					折群				
G	F	D	S	A	H	J	K	L	M	T	R	E	W	Q	Y	U	I	O	P	N	B	V	C	X
王	土	大	木	工	目	日	口	田	山	禾	白	月	人	金	言	立	水	火	之	已	子	女	又	纟
左右	上下	杂合			左右	上下	杂合			左右	上下	杂合			左右	上下	杂合			左右	上下	杂合		

五笔字根速查表有两个作用：

一是字根快速检索，某个字根用什么字母表示一目了然。

二是可迅速查出某一群名的双重含义。这里要特别记住笔画群中的头三个群名，如横群中的GFD，竖群的HJK等，以后讲识别码时有用。横群中的G，既表示横群中的G（王）群，又在做识别码时表示字型的结构是左右结构。再例如竖群中的J，既表示J（日）群，又在做识别码时表示字型结构是上下结构。

例一：拆“李”字，它是上下结构字，由“木”与“子”组成，“木”的第一笔是“横”，就到横群中去找“木”，“木”对应字母S；“子”的第一笔是“折”，就到折群中去找“子”，“子”对应字母B。那么“李”字就由S，B构成，即“李”=sb（二级简码）。

例二：拆“绍”字，它由“纟”“刀”和“口”三个字根组成，“纟”的第一笔在折群，可以找到对应字母是“X”；“刀”也在折群，对应字母是“V”；“口”的第一笔在竖群，对应的字母是“K”。这样“绍”字就由 X，V，K 组成，即“绍” = xvk（三级简码）。

例三：拆“缺”字。

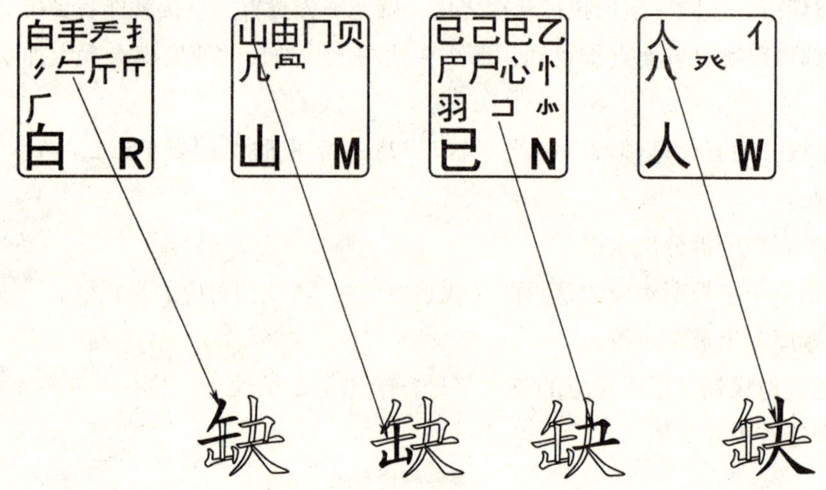

“缺” = rmnw（全码）（三级简码：rmn）

例四：拆“茅”字。

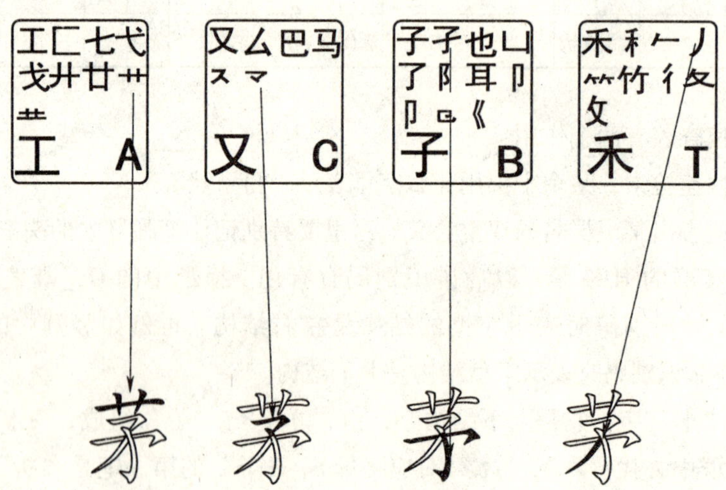

“茅” = acbt（全码）

例五：拆“硬”字。

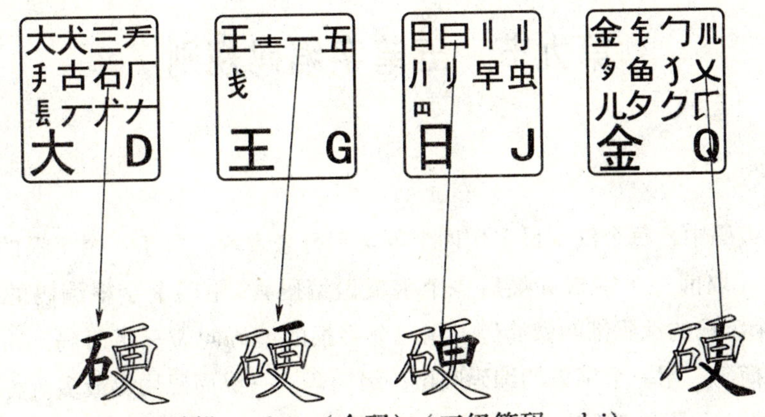

“硬” = dgjq（全码）（三级简码：dgj）

练习一 判断下面的字的拆法哪个正确

夷=一+弓+人	夷=⺈+弓+⺄
缶=⺧+山	缶=⺈+十+凵
丑=㇆+土	丑=刀+二
美=⺷+土+大	美=丷+王+大
东=七+小	东=十+木
勿=勹+彡	勿=彡+㇆
非=三+丨+丨+三	非=三+‖+三
乘=禾+丬+匕	乘=丿+十+丬+匕+人

练习二 把下面的字先拆成字根，再写出编码

蚌：虫三丨=jdh	器：口口犬=kkd
募：艹日大力=ajdl	哨：口小月=kie
少：小丿=it	鸿：氵工勹一=iaqg
卑：白丿十=rtfj	妙：女小丿=vit
暮：艹日大日=ajaj	止：止丨=hh
稍：禾小月=tie	幅：冂丨一田=mhgl
度：广廿又=yaci	山：山山山=mmmm
烧：火七丿=oat	扶：扌二人=rfw
谩：讠日四又=yjlc	莎：艹氵小丿=aiit
鑫：金金金=qqqf	澳：氵丿冂大=itmd
绍：纟刀口=xvk	渺：氵目小丿=ihit
末：一木=gs	啥：口人干口=kwfk
晌：日丿冂口=jtmk	斑：王文王=gyg

第九节　五笔字编码规则

一、码长

在五笔字编码中，每个汉字最多用四个英文字符来表示，多于4个字根的字也用四个英文字母表示（取前三个字根和最后一个字根做编码）。用四个字根编码的字叫做“全码”，少于四个字根的编码都叫做简码。用三个字根的编码叫做三级简码，用两个字根的编码叫做二级简码，用一个字根的编码叫做一级简码。一级简码用得最多。

例如，“缩”字是由五个字根组成的，取第一、第二、第三、末字根做编码，也就是xpwj。

缩=纟+宀+亻+丆+日

X　P　W　D　J

二、全码的编码方法

如果编码少于四个，就要用识别码，加上识别码还少于四个编码就直接补空格。如果多于四个或者刚好四个就只取一二三码和最末码。

1．普通字的全码编码。

等于或大于四个字根时：全码编码 = 第一码 + 第二码 + 第三码 + 最末码。

少于四个字根时：全码编码 = 第一码 + 第二码 + 第三码 + 识别码。

2．群名（键名）字的编码。

键名（五笔打字中的键名即上文所述的群名），即字根图中的第一个字根。比如G群上的字根有：王龶一五戋，则G键的键名就是“王”。依此类推，F上的键名就是土。这类字的打法就是击键四下，比如“王”的全码就是gggg，“土”的全码就是ffff。可知一共有二十五个键名（二十四个字和一个偏旁）。

3．字根字的编码。

有些字根本身就是一个独立字，这些字的打法就不能按照拆分字根的方法来打，而要拆分成基本笔画来打。所谓基本笔画就是横、竖、撇、捺、折五种笔画。基本笔画之前还要先打群名。比如，S键上的字根有：木丁西，如果要打“西”字的话，就要打sghg。

字根字编码 = 字根字所在群名 + 第一笔的群名 + 第二笔的群名 + 最后一笔群名。

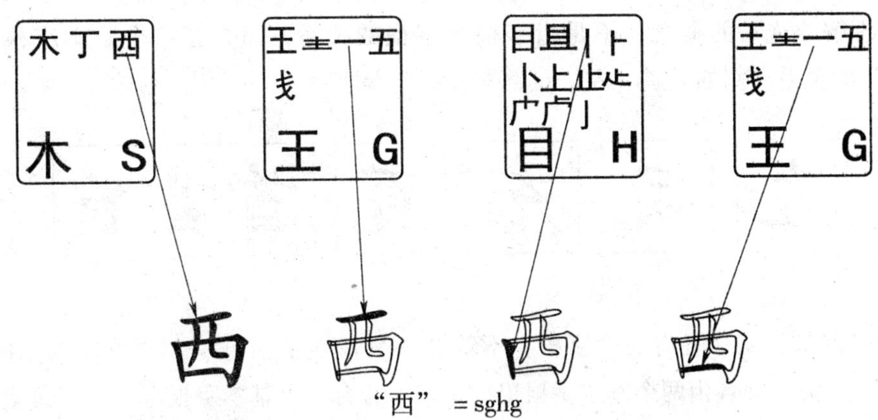

“西” = sghg

4. 五个基本笔画的编码：一 ggll 丨 hhll 丿 ttll 丶 yyll 乙 nnll。

第十节 字根的四种连接方式

汉字字根有四种连接方式：单、散、连、交。

一、单

单，有两个含义，一是指字根中的单个汉字，就是指这个字根本身就是一个汉字，包括25个键名字根和字根中的汉字，比如“言、虫、寸、米、夕”等；二是指基本比画，如“一、丨、丿、丶、乙”等。

二、散

散，就是指构成汉字的各字根之间明显分离且有一定的距离。比如“明”字由“日、月”字根组成，“李”字由“木、子”字根组成，“苗”字由“艹、田”组成，再比如“汉、昌、花、笔、型”等字。

三、连

连，是指一个基本字根与一个单笔画相连，比如“且”，就是基本字根“月”和一横相连组成的，“尺”就是由“户”和一捺相连组成的，再比如“夭、下、正、自”等。

散例 明=明+明

散例 李=李+李

连例 户=户+户

连例 生=生+生

注意理解“连”的概念：不是指字根与字根的关系，而是指一个基本字根与一个“单笔画”的关系。例如“首、左、足、充、页”等字：

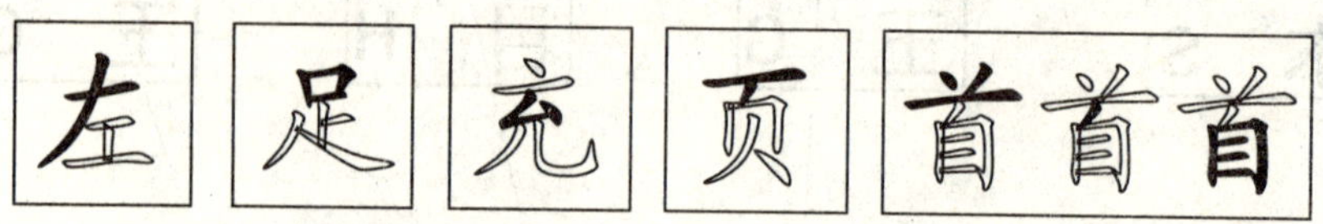

其中“首”“充”各有三个字根，不符合一个基本字根与一个“单笔画”的关系。“左”“足”“页”都各由两个基本字根组成，也不符合一个基本字根与一个“单笔画”的关系，这些字都是“散”的关系，而不是连的关系。

连的关系有两类：

1. 一个基本字根与一个“单笔画”的关系。其中单笔画连接的位置不限，上下左右皆可。例如：

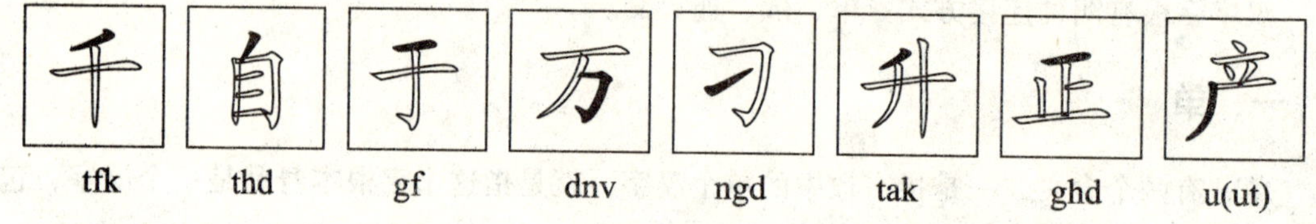

要注意，单笔画与字根间有明显距离的也认为是散的，比如“个、少、么、旦”等。

2. 一个基本字根与相邻的孤立点都视为相连结构。比如“勺”，就是“勹”和点组成的，因此认为它们是相连的，这样的例子还有“术、太、主、义、斗、头、玉、凡”等。

四、交

交，就是指两个或多个字根中的笔画相交或重叠。比如“本”，就是由字根“木”和“一”相交构成的，再比如“果、申、必、夷、东、里”等字。

认识字根相接的方式是为了便于拆字。下面会引出重要的拆字原则：能散勿连，能连勿交，直观取大。

第十一节　五笔编码的四个原则

一、取字根的顺序依据书写汉字的笔画顺序

书写顺序是：先左后右，先上后下，先横后竖，先撇后捺，先内后外，先中间后两边，先进门后关门。

如“毅”字：

毅＝毅＋毅＋毅＋毅

U　E　M　C

这四个字根的编码依次是uemc，那么在五笔输入法中，键入uemc，就输入了“毅”字。

二、“直观取大”的原则

在其他一些五笔教材中，提出“取大优先”和“兼顾直观”两个原则，其实合并为一个原则更好，即“直观取大”的原则。

拆字时应以“再添一个笔画便不能使其成为另一个字根”为限，每次都拆取一个“尽可能大”的，即尽可能笔画多的字根。

如“世”字：

世 世

上图的拆法中，第一个字根不是取横，而是取“廿”；不是拆为“一、凵、乙”，而是拆为“廿、乙”，这就是“取大优先”的原则。

如“自”字：按“直观取大”的原则可拆为“丿、目”，这是符合原则的，另一种拆法是拆为“亻、乙、三”，这样拆就不直观，也没有取大。

如“国”字：拆为“囗、王、丶”就符合“直观取大”的原则，如果拆为“冂、王、丶、一”就不符合原则。

如“适”字：可以拆为“丿、古、辶”，还可以拆成“丿、十、口、辶”。根据“取大优先”的原则，拆出的字根要尽可能大，而第二种拆法中的“十”“口”两个字根可以合为一个字根“古”，所以第一种拆法是正确的。

如“除”字：可以拆分成“阝、八、禾”，或拆成“阝、八、丿、木”。显然第一种拆法是正确的，把“丿、木”合成为一个字根“禾”。

练习下面的字，掌握正确的拆法。

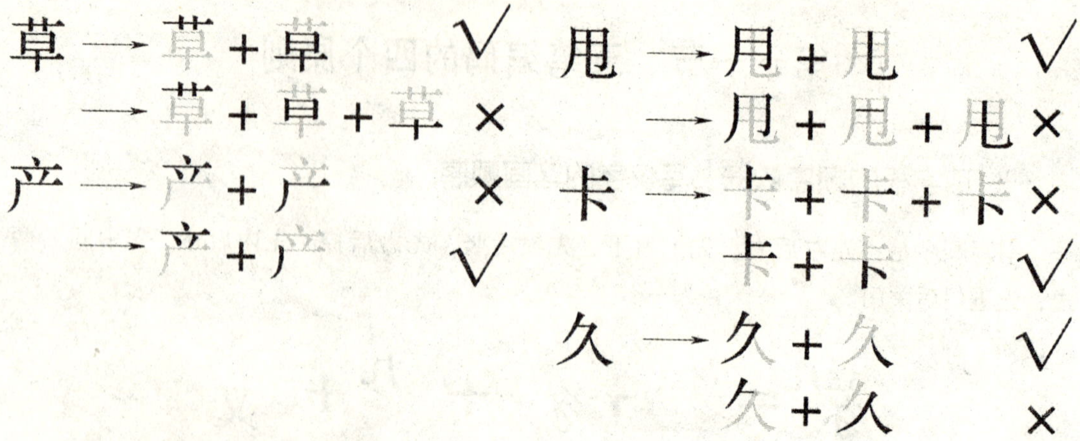

草 → 草 + 草 √
→ 草 + 草 + 草 ×
产 → 产 + 产 ×
→ 产 + 丿 √

甩 → 用 + 甩 √
→ 用 + 甩 + 甩 ×
卡 → 卡 + 卡 + 卡 ×
卡 + 卜 √
久 → 久 + 久 √
久 + 人 ×

三、“能连不交”的原则

当一个字既可拆成相连的几个部分，也可拆成相交的几个部分时，则取“相连”的拆法，不取“相交”的拆法。

如“丑”字：应拆成“乙、土”（二者是相连的），如果拆为“刀、二”，则“刀”和“二”是相交的。

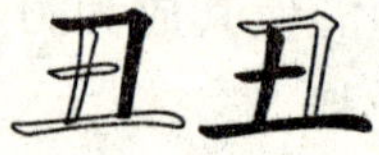

丑 丑

丑 = 乙 + 土

如“于”字：应拆为“一、十”，是相连关系，如果拆为“二、丨”则成相交关系，根据“能连不交”的原则，第二种拆法就错了。

练习下面的拆字：

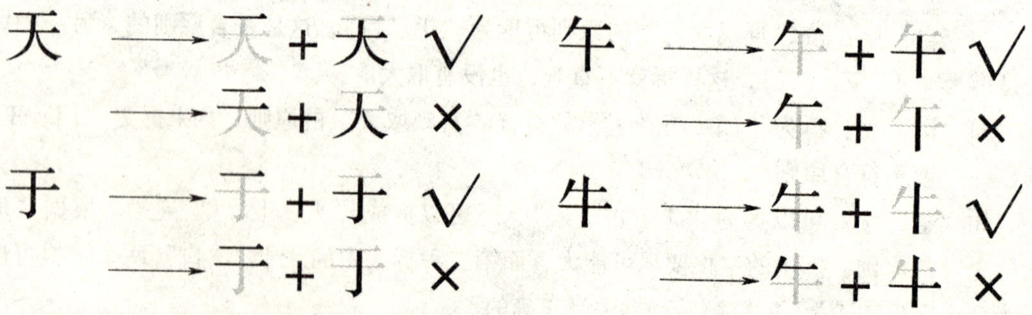

天 → 天 + 大 √
→ 天 + 大 ×
于 → 于 + 于 √
→ 于 + 亅 ×

午 → 午 + 干 √
→ 午 + 丅 ×
牛 → 牛 + 丨 √
→ 牛 + 十 ×

四、“能散不连”的原则

笔画和字根之间、字根与字根之间的关系，可以分为“散”“连”和“交”三种，其中“散”的优先级最高，其次是“连”，最后是“交”。

单——按比画拆分；

散——按各分散的字根拆分；

连——按“直观取大”原则拆分；

交——可交可连的尽量按“连”划分，不能按“连”拆分时，按“直观取大”原则拆分。

练习一 判断下面这些汉字字根间的结构关系

号 耳 码 五 帮 户 牛 苦 缶 意 勺

答案：散 单 散 单 散 连 交 散 交 散 连

练习二 下面这些汉字都是由四个或四个以上字根组成的，请写出它们的编码

唐 续 紧 容 酸

答案：yvhk xfnd jcxi pwwk sgct

露 裂 暴 蓬 藏

答案：fkhk gqje jawi atdp adnt

该 濒 骚 糕 慈

答案：yynw ihim ccyj ougo uxxn

练习三 写出下列字的编码并练熟

市 日 建 场 资 制 等 都 使 传

答案：ymhj jjjj vfhp fnrt upwm rmhj tffu ftjb wgkq wfny

练习四 写出下面字的前两位编码并练熟

年大业会个出行作生家 成到来部对进多全他开

们展时理新方企实学报 政济用于法高长现本月

定化加动合品重关机分 力自外者区能设后就体

下万元社过前面请去级 义得着也小你把吧吗好

第十二节 五笔字型的识别码

一、采用识别码的原因

为了避免重码，需要采用识别码。编码越短的字越容易重码。例如，采用一位编码时，26 个英文字母只能编出 26 个不重码的汉字，第 27 个汉字就要产生重码；如果采用两位编码，最多能编出 650 个不重码的汉字，多于 650 个汉字就要产生重码。两位编码只能

保证有650个字不重码，但实际上有很多字只有两位编码或三位编码，为减少重码，有必要增加一位识别码。试看下面两个例子：

例一："叭" = 口 + 八，字型是左右结构。

"只" = 口 + 八，字型是上下结构。

这两个字的字根都是（口 + 八），编码都是kw。

要区别这类字根相同的字，需要从字型结构的特点上来区别。

例二："洒" = is，字型是左右结构，末笔是横。

"沐" = is，字型是左右结构，末笔是捺。

"汀" = is，字型是左右结构，末笔是竖。

这三个字，字根编码都是is，并且字型都是左右型，只是最后一笔的笔画（末笔）不同。要区别这类字型结构相同而末笔字根不同的字，需要依据末码不同来区别。

综合以上两例，识别码的特点是应同时具有字型信息和末码信息。

二、关于末码的规定

对于作为识别码的末笔有如下规定：

1. 末字根为"力、七、刀、九"等时，末笔一律为折（乙）。

2. 末笔为"辶、廴"时，不以"走之"的末笔为末笔，以去掉"走之"部分后的末笔为末笔，例如"进"的末笔为竖。

3. "我、成、戋"的末笔应是撇"丿"。

4. 所有包围状汉字中，取被包围部分的末笔为末笔。例如"国"字的末笔不是"横"而是"点"。

三、汉字字型结构的分类

识别码应同时具有字型信息和末码信息，为此对识别码作如下规定：

1. 识别码按末笔所在的群来分类，分别为横群、竖群、撇群、捺群、折群。

2. 字型结构分三种：左右型、上下型、杂合型，如下表所示。

（1）左右型的判别。左右型包括两种情况：一种是双合字，即一个字可以明显地分成左右两个部分，如"肚、胡、理、拍"等；还有一种是三合字，由三个部分组成，这三个部分可以由左向右排列，如"侧、浙、搬、鸿"等，或者分成左右两部分，其间有一定距离，而其中的左侧或右侧又可以分为上下两部分，每一部分由一个或几个基本字根组成，如"别、部、港、抢"等。

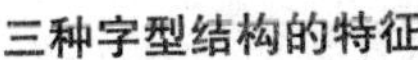

三种字型结构的特征

字型	图示	字例	特征
左 右		汉湘结封	字根间可有间距，总体左右排列
上 下		字莫花华	字根间有间距，总体上下排列
杂 合		困凶这司乘本	字根间有间距，但不分上下左右，浑然一体，不分块

（2）上下型的判别。上下型也包括两种情况：一种是双合字，即一个字可以明显地分成上下两个部分，并且这两部分间有一定的距离，如“节、旦、看、定”等；还有一种是三合字，字可以明显地分为三部分，这三部分可分为上、中、下三层，或者分为上下两层，其中一层又可分为左右两部分，如“意、想、范、窍”等。

（3）杂合型的判别

1）属包围和半包围关系的汉字，一律视为杂合型，比如“团、同、医、凶、句”等。

2）属于“连”和“交”的汉字一律属杂合型。

3）含有“辶、廴”的字都是杂合型，如“过、进、延”等。

4）含“疒”的字都是杂合型。

5）以“厂、尸”字根开头的字都是杂合型，如“层、辰、厅、眉”等，但要注意“振、震、媚”等不是杂合型。

四、识别码速查表

用每个五笔群中头三个群名来代表字型的结构方式，第一个群名代表左右结构，第二个群名代表上下结构，第三个群名代表杂合型结构。五笔识别码速查表见下表。

五笔识别码速查表

结构＼群	横群	竖群	撇群	捺群	折群
左右型	g	h	t	y	n
上下型	f	j	r	u	b
杂合型	d	k	e	i	v

五笔群中各字型结构特征的表示方法：

识别码速查表中每一个字母都是横坐标（字型结构）和纵坐标（五笔群）的交叉点，因此，每个字母都包含两个信息。如 g，既表示末笔在横群，又表示字型是左右结构，再如 r，既表示末笔在撇群，又表示字型结构是上下型结构。这种二维坐标表达了末笔所属字根群和三种字型结构的 15 种组合方式。

五、识别码速查表的应用

例一：利用识别码速查表为“只”和“叭”添加识别码。

这两个字的原来编码都是 kw，末笔都在捺群。“只”属上下结构，查表中对应字母是 u，则“只” = kwu；“叭”的字型结构是左右型，查表中对应字母是 y，则“叭” = kwy。

例二：利用识别码速查表为“洒”“沐”和“汀”字添加识别码。

已知三个字的原来编码都是 is，三个字都是左右结构，因此都在识别码速查表的第二行上。“洒”的末笔在横群，对应字母是 g；“沐”的末笔在捺群，对应字母是 y；“汀”的末笔在竖群，对应字母是 h，因此“洒” = isg，“沐” = isy，“汀” = ish。

由以上例子可见，采用二维识别码，有效地解决了编码位数少的字的重码问题。

练习一　注明下面字的识别码（括号内给出答案）

扒（y）　闷（i）　庙（d）　届（d）　艾（u）　位（g）　凹（d）　寺（u）
票（u）　吾（f）　斗（k）　飞（i）　笆（b）

练习二　写出下列汉字的编码（加识别码）

丹、凹、卞、仑、草、斗、杜、戒、弘、千、万、户、巾、剂、弗、父、甘、冬、把、床、闯、尔、讹、兑、冈、卉、井、麦、兰、刨、冉、杀、泣、羌、牛、匡、仓、申、升、丫、幼、余、虾、声、农、京、套、沂、耶、驰、仇、辞、犯、巨、卷、泪、里、泉、琼、囱、歹、刮、飞、击、判、疟、什、丸、圣、值、爪、住、坠、孜、匣、岩、血、厌、巧、奴、虏、疗、牡、气、刃、匹、闲、羊、待、钩、皋、汇、利、录、卡、刊、看、茧、夯、场、哭、奸、君、肩、冒、忙、蛆、扇、尚、徒、驮、宰、孕、云、连、抗、闷、乡

示例：“丹” = myd，“凹” = mmgd，“卞” = yhu。

第十三节　词组编码规则

一、二字词组

取两个字的前两个码（要取全码中的码），如：您好（wqin　vbg） = wqvb。

二、三字词组

取前两个字的第一码和第三字的前两个码，如：电视机（jnv pymq smn）=jpsm。

三、四字以及更多字的词组

一律取第一、二、三和最后字的第一码，如：中国共产党（khk lgyi awu ute ipkq）=klai。

注意："五笔字型"有86版和98版之分，区别在于某些字根的增减和分布有所变动，现在人们使用的绝大多数都是86版的五笔，所以本书都以86版本为基准。

练习：用双手并击打出下列词组

1. 两个字的词，分别取两字的前两个字根

小孩 ihby 显著 joaf 慰问 nfuk 象征 qjtg 夏天 dhgd 味精 kfog

羡慕 ugaj 系统 txxy 维修 xwwh 限制 bvrm 物品 trkk 危险 qdbw

先生 tftg 细节 xlab 忘记 tnyn

2. 三个字的词，取前两个字的第一码和最后一个字的前两码

现代化 gwwx 积极性 tsnt 普通话 ucyt 劳动者 afft 上海市 hiym

责任感 gwdg 亲爱的 uerq 浙江省 iiit 偶然性 wqnt 科学家 tipe

服务员 etkm 工程师 atjg

3. 四个字的词，各取第一码

热泪盈眶 rieh 这就是说 yyjy 弄虚作假 ghww 全神贯注 wpxi

齐心协力 ynfl 兴高采烈 iyeg 稀里糊涂 tjoi 废寝忘食 ypyw

隐隐约约 bbxx 海枯石烂 isdo 难能可贵 ccsk 顾此失彼 dhrt

4. 多字词，取前三个字的第一码和最后一个字的第一码

中华人民共和国 kwwl 中国共产党 klai

第九章

五笔字双手并击打法

本章学习目的：使掌握五笔基础的人很快学会双手并击五笔字。

已经学过五笔基础知识并且可以达到每分钟50字以上的学员，可以跳过第八章的学习，直接学习本章五笔双手并击。

第一节　英文双手并击打法复习

学习本章的基础是先学会前面的英文双手并击，会英文双手并击就会五笔双手并击。如果还不会英文双手并击，请先学会前面“英文二倍速打法”一章。

一、复习英文双手并击打法

a 的打法：a =，表示字母 a 与空格一起打（单字母时由一只手加空格并击打，两字母时双手并击）。

on 的打法：on =，表示左手打 o，右手打 n 和空格，双手并击，一拍打出 on。

the 的打法：th e =，表示打两拍，一拍打th，另一拍打e =。

east 的打法：ea st =，表示打两拍，一拍打ea，另一拍打st =。

“_”下划线表示双手并击打一拍。

二、复习英文课文

N ew = Yo rk = is = bu il t = on = a = gr ou p = of = is la nd s = on = th e = ea st = co as t = of = th e = USA = at = a = po in t = wh er e = se ve ra l = ri ve rs = fl ow = in to = th e = oc ea n =. Th e = fi rs t = we st er ne r = to = di sc ov er = th es e = is la nd s = wa s = an = It al ia n = ex pl or er.

第二节　一级简码字的打法

五笔一级简码与英文单字符打法相同。

英文单字符 a 的打法：a = ，这表示空格与字母 a 一起打。

一级简码共 25 个，它们是：

我q　人w　有e　的r　和t　主y　产u　不i　为o　这p　工a　要s　在d　地f　一g　上h　是j　中k　国l　经x　以c　发v　了b　民n　同m

五笔一级简码的打法：把输入法由英文状态改为五笔输入法，启动飞耀速录双手并击，单手打q =，即可打出“我”字，单手打w =，即可打出“人”字。

练习：练熟下面的一级简码，要求熟练程度能达到条件反射

练习方法：用飞耀看打软件练习五笔一级简码（用置乱方式）。

我 人 有 的 和 主 产 不 为 这 工 要 在 地 一 上 是 中 国 经 以 发 了 民 同

注意：练习时每个字都用单手打，字母和空格都用一只手一起打，不要一手打字母，另一手打空格。

先用左手练习字母和空格一起打，熟练后再用右手练习字母和空格一起打。

第三节 二级简码字的打法

二级简码与英文二字符词的打法相同。

英文二字符词 on 的打法：o n =，表示左手打 o，右手打n =。

五笔二级简码字的打法："来" = go，其打法是g o =，表示左手打 g，右手打o =，双手并击一拍即可打出"来"字。

练习一 练熟下面 20 个二级简码，要求记熟，能达到条件反射

到 gc 他 wb 会 wf 作 wt 来 go 分 wv 生 tg 对 cf 于 gf 学 ip 下 gh 级 xe 义 yq 就 yi 年 rh 大 dd 们 wu 个 wh 用 et 时 jf

练习二 练熟下面各字的二级简码

年大业会个出行作生家 成到来部对进多全他开

们时理方实学报用于法 高长现本定化加关机分

力外区能后就下社过前 面级义得也小你吧好示

第四节 三级简码字的打法

三级简码与英文三字符词汇打法相同。例如英文th e =，表示打两拍，一拍打th，另一拍打e =。五笔三码字也是这种打法。

例如：

蒋 auq 打法：au q = 药 axq 打法：ax q =

聂 bcc 打法：bc c = 娶 bcv 打法：bc v =

练习一 打下列各字

艰 cve 验 cwg 驻 cyg 叉 cyi 蚤 cyj 骧 cyk 厄 dbv 磊 ddd 硕 ddm 厉 ddn 套 ddu 郁 deb 有 def 胡 deg 奔 dfa 辰 dfe 夺 dfu 压 dfy

练习二 熟练打出下面21个字

展 新 企 政 济 月 动 合 品 重 自 者 设 体 万 元 请 去 着 把 吗

第五节 五笔全码的打法

五笔全码打法与英文四字符词汇的打法略同，所不同的是五笔字打满4个字符自动上屏，不需打空格键。

例如英文 east 的打法是ea st =，表示打两拍，一拍打ea，另一拍打s t =。

全码字“齿”的打法：hw bj，“喝”的打法：kj qn。

练习一 打下列常用全码字（234个）

日致雨露辉藏荒桑植被 岛川土木广道场制趋常
唯忘养礼割腐律建钟叛 域命文抗两都鉴西词墨
石墙铜甲赛金塔教堂塑 造影靠望悬壁渠惊埔奇
秧荷美酒智鼓穿忙洞毒 繁零盛领猛恶塞救势衡
推貌烈敏偏疑值等资循 市买卖游冠岭彻斜口含

单额臂肩脚赞觉悟善目 判传摩探顿斯遗速冷核
脉程感射凹选锤镇播拌 渔船热粪膜穗剪猪满寨
待士喊州阻耗饲围追遭 卷彪烂剥察留封拿徒孩
骗使置漏妄期告已霉愈 警街掌润袋整挂绳贝锈
磨住遵裂翻篇编版登题 簧赶励照愿燃献念勤喂

摸擦刨缝垫废筒怎甚干 今寸厘剂挖抓键炼谁谬
该溶槽够龄您型耐褐啥 津尚触歌

全码字标注（极点五笔6.5标准版）

日 jjjj	致 gcft	雨 fghy	露 fkhk	辉 iqpl	藏 adnt
荒 aynq	桑 cccs	植 sfhg	被 puhc	岛 qynm	川 kthh
土 ffff	木 ssss	广 yygt	道 uthp	场 fnrt	制 rmhj
趋 fhqv	常 ipkh	唯 kwyg	忘 ynnu	养 udyj	礼 pynn
割 pdhj	腐 ywfw	律 tvfh	建 vfhp	钟 qkhh	叛 udrc
域 fakg	命 wgkb	文 yygy	抗 rymn	两 gmww	都 fjtb

续表

鉴 jtyq	西 sghg	词 yngk	墨 lfof	石 dgtg	墙 ffuk
铜 qmgk	甲 lhnh	赛 pfjm	金 qqqq	塔 fawk	教 ftbt
堂 ipkf	塑 ubtf	造 tfkp	影 jyie	靠 tfkd	望 yneg
悬 egcn	壁 nkuf	渠 ians	惊 nyiy	埔 fgey	奇 dskf
秧 tmdy	荷 awsk	美 ugdu	酒 isgg	智 tdkj	鼓 fkuc
穿 pwat	忙 nynn	洞 imgk	毒 gxgu	繁 txgi	零 fwyc
盛 dnnl	领 wycm	猛 qtbl	恶 gogn	塞 pfjf	救 fiyt
势 rvyl	衡 tqdh	推 rwyg	貌 eerq	烈 gqjo	敏 txgt
偏 wyna	疑 xtdh	值 wfhg	等 tffu	资 uqwm	循 trfh
市 ymhj	买 nudu	卖 fnud	游 iytb	冠 pfqf	岭 mwyc
彻 tavn	斜 wtuf	口 kkkk	含 wynk	单 ujfj	额 ptkm
臂 nkue	肩 yned	脚 efcb	赞 tfqm	觉 ipmq	悟 ngkg
善 uduk	目 hhhh	判 udjh	传 wfny	摩 yssr	探 rpws
顿 gbnm	斯 adwr	遗 khgp	速 gkip	冷 uwyc	核 synw
脉 eyni	程 tkgg	感 dgkn	射 tmdf	凹 mmgd	选 tfqp
锤 qtgf	镇 qfhw	播 rtol	拌 rufh	渔 iqgg	船 temk
热 rvyo	粪 oawu	膜 eajd	穗 tgjn	剪 uejv	猪 qtfj
满 iagw	寨 pfjs	待 tffy	士 fghg	喊 kdgt	州 ytyh
阻 begg	耗 ditn	饲 qnnk	围 lfnh	追 wnnp	遭 gmap
卷 udbb	彪 hame	烂 oufg	剥 vijh	察 pwfi	留 qyvl
封 fffy	拿 wgkr	徒 tfhy	孩 bynw	骗 cyna	使 wgkq
置 lfhf	漏 infy	妄 ynvf	期 adwe	告 tfkf	已 nnnn
霉 ftxu	愈 wgen	警 aqky	街 tffh	掌 ipkr	润 iugg
袋 waye	整 gkih	挂 rffg	绳 xkjn	贝 mhny	锈 qten
磨 yssd	住 wygg	遵 usgp	裂 gqje	翻 toln	篇 tyna
编 xyna	版 thgc	登 wgku	题 jghm	簧 tamw	赶 fhfk
励 ddnl	照 jvko	愿 drin	燃 oqdo	献 fmud	念 wynn
勤 akgl	喂 klge	摸 rajd	擦 rpwi	刨 qnjh	缝 xtdp
垫 rvyf	废 ynty	筒 tmgk	怎 thfn	甚 adwn	干 fggh
今 wynb	寸 fghy2	厘 djfd	剂 yjjh	挖 rpwn	抓 rrhy
键 qvfp	炼 oanw	谁 ywyg	谬 ynwe2	该 yynw	溶 ipwk
槽 sgmj	够 qkqq	龄 hwbc	您 wqin	型 gajf	耐 dmjf
褐 pujn	啥 kwfk	津 ivfh	尚 imkf	触 qejy	歌 sksw

练习二 打下列四码词汇

变成 yodn	谈出 yobm	交税 uqtu	净利 uqtj
智力 tdlt	的确 rqdq	数理 ovgj	典雅 maah
速查 gksj	整句 gkqk	事务 gktl	夸张 dfxt
夸奖 dfuq	包退 qnve	饭店 qnyh	辩护权 ursc
半制品 urkk	斗批改 urnt	竞技场 urfn	冲锋枪 uqsw
盗窃犯 upqt	成都市 dfym	葡萄牙 aaah	总的来看 urgr
意气风发 urmn	前所未闻 urfu	显而易见 jdjm	旷古未闻 jdfu
顿足捶胸 gkre	悲喜交集 dfuw	多米尼加 qonl	病急乱投医 uqta
内蒙古自治区 mada	无事不登三宝殿 fggn		

注：上述词汇出自极点五笔词库。

第十章

五笔单字练习

五笔的第一基础是指法，第二基础是单字。单字的熟练程度决定最终录入速度。因此，先不必把过多的精力放到提高课文录入速度上，会学习的人往往懂得重视基础训练。

学习单字的主要精力应该用于熟习高频字。

练习高频字的重要性如下：

- 特高频字 50 个——字频 25%
- 高频字 110 个——字频 40%
- 次高频字 300 个——字频 50%
- 常用字 500 个——字频 78%
- 次常用字 1 000 个——字频 90%

可见，能熟练掌握 1 000 个常用字，即把 1 000 个常用字的输入速度提升至每分钟 100 字，等于打文章的速度近于每分钟 100 字。

把其中 50 个特高频字的输入速度每提高 10%，即等于文章的输入速度提高 2.5%，可见应优先提高特高频字的熟练程度。

为此，把出现频率最高的 110 个字称为五星级字，标志为★★★★★。

把出现频率次高的第 110 ~ 500 个字称为四星级字，标志为★★★★。

把出现频率较高的第 500 ~ 1 500 个字称为三星级字，标志为★★★。

把出现频率低的第 1 500 ~ 3 000 个字称为常用二星级字，标志为★★。

把出现频率更低的第 3 000 ~ 4 000 个字称为常用一星级字，标志为★。

第一节　一级简码练习

练习方法：用飞耀速看打软件做置乱追打（用滚动方式）。

练习注意事项：

1. 一定采用置乱方式练习，防止产生机械惯性。
2. 采用阶梯式提速方式，由每分钟 20 字到每分钟 40 字、60 字、80 字……220 字。
3. 作为长期的练习目标，每天坚持练习。
4. 每一阶梯的高低由自己掌握。
5. 追打练习的速度设置要高于自己当前的速度，要有点“追不上”的感觉。做求准练习时，速度设置可适当放缓。
6. 不要用顺口溜来练习，这种练习在实际应用中没有明显提升效果，还是不会打单字。

7．可以自己动手用一级简码编些小文章来练习。

8．此项的考核标准：准确率 100%。

一、一级简码单字（★★★★★）

我 人 有 的 和 主 产 不 为 这 工 要 在 地 一 上 是 中 国 经 以 发 了 民 同

二、一级简码编码表

我 q	人 w	有 e	的 r	和 t	主 y	产 u	不 i	为 o	这 p
工 a	要 s	在 d	地 f	一 g	上 j	是 j	中 k	国 l	经 x
以 c	发 v	了 b	民 n	同 m					

第二节　50 个特高频单字练习

虽然特高频字只有 50 个，但在普通文章中却能占到 25% 的比率，练熟这 50 个字是非常重要的。

练习方法：与练习一级简码方法相同。

准确率要求：100%。

速度要求（每分钟字数）：初级 140 字；中级 180 字；高级 220 字。

一、25 个一级简码（★★★★★）

我 人 有 的 和 主 产 不 为 这 工 要 在 地 一 上 是 中 国 经 以 发 了 民 同

二、23 个二级简码（★★★★★）

到 他 会 作 来 分 生 对 于 学 下 级 义 就 年 大 们 个 用 时 你 您 好

三、2 个三级简码（★★★★★）

动 去

四、字根标注

到 gc	他 wb	会 wf	作 wt	来 go	分 wv
生 tg	对 cf	于 gf	学 ip	下 gh	级 xe
义 yq	就 yi	年 rh	大 dd	们 wu	个 wh
用 et	时 jf	你 wq	好 vb	您 wq	
动 fcl	去 fcu				

第三节　常用单字练习

一、60 个高频单字（★★★★★）

出行业家成部　进多过社全开　理方实报法高　长现本定化加

关机力外区能　后就下前面小　少没展体元万　月新企制政济

合品重自者设　市日建场等资

练习一标注：

出 bm	行 tf	业 og	家 pe	成 dn	部 uk
进 fj	多 qq	过 fp	社 py	全 wg	开 ga
理 gj	方 yy	实 pu	报 rb	法 if	高 ym
长 ta	现 gm	本 sg	定 pg	化 wx	加 lk
关 ud	机 sm	力 lt	外 qh	区 aq	能 ce
后 rg	就 yi	下 gh	前 ue	面 dm	小 ih
少 it	没 im	展 nae	体 wsg	元 fqb	万 dnv
月 eee	新 usr	企 whf	制 rmhj	政 ght	济 iyj
合 wgk	品 kkk	重 tgj	自 thd	者 ftj	设 ymc
市 ymhj	日 jjjj	建 vfhp	场 fnrt	等 tffu	资 uqwm

二、115 个常用单字（★★★★）

可于所现如性然发心美　最子其当因十此说但公

车事情种著画式间三代　天文无看二相位或表由

意只影特那球已起还世　手物更名想活感明从果
乐点常道她第身目没正　很提色两期四光么至风
比音路金样再演次原水　五受界打立西接才气知
各员空安九造数海又被　做回告让爱

练习二标注：

可 sk	于 ywu	所 rn	现 gmq	如 vk	性 ntg
然 qd	发 v	心 ny	美 ugdu	最 jb	子 bb
其 adw	当 iv	因 ld	十 fgh	此 hx	说 yu
但 wjg	公 wc	车 lg	事 gk	情 nge	种 tkh
著 aft	画 gl	式 aa	间 uj	三 dg	代 wa
天 gd	文 yygy	无 fq	看 rhf	二 fg	相 sh
位 wug	或 ak	表 ge	由 mh	意 ujn	只 kw
影 jyie	特 trf	那 vfb	球 gfi	已 nnnn	起 fhn
还 gip	世 an	手 rt	物 tr	更 gjq	名 qk
想 shn	活 itd	感 dgkn	明 je	从 ww	果 js
乐 qi	点 lfok	常 ipkh	道 uthp	她 vbn	第 tx
身 tmd	目 hhhh	没 im	正 ghd	很 tve	提 rj
色 qc	两 gmww	期 adwe	四 lh	光 iq	么 tc
至 gcf	风 mq	比 xx	音 ujf	路 khtk	金 qqqq
样 su	再 gmf	演 ipg	次 uqw	原 dri	水 ii
五 gg	受 epc	界 lwj	打 rs	立 uu	西 sghg
接 ruv	才 ft	气 rnb	知 td	各 tkf	员 km
空 pw	安 pv	九 vt	造 tfkp	数 ovt	海 itx
又 ccc	被 puhc	做 wdt	回 lkd	告 tfkf	让 yh
爱 ep					

第四节　难拆字练习

一、不同笔画难拆字练习

一画

乙 nnll

二画

丁 sgh　七 agn　九 vtn　匕 xtn　刁 ngd　了 bnh　乃 etn　乜 nnv

三画

三 dggg　干 fggh　亍 fhk　于 gfk　亏 fnv　才 fte　下 ghi　丈 dyi　与 gngd

万 dnv　上 hhgg　千 tfk　乞 tnb　川 kthh　么 tcu　久 qy　丸 vyi　及 eyi

亡 ynv　丫 yhk　义 yqi　之 pppp　已 nnnn　己 nngn　巳 nngn　卫 bgd　孑 bnhg

孓 byi　也 bnhn　飞 nui　习 nud　乡 xte

四画

丰 dhk　井 fjk　开 gak　亓 fjj　夫 fwi　天 gdi　元 fqb　无 fqv　云 fcu

专 fnyi　丐 ghnv　廿 aghg　五 gghg　支 fcu　卅 gkk　不 gii　牙 ahte　屯 gbnv

互 gxgd　中 khk　内 mwi　午 tfj　壬 tfd　升 tak　夭 tak　长 tayi　反 rci

爻 qqu　乏 tpi　氏 qav　丹 myd　乌 qngd　卞 yhi　为 ylyi　尹 vte　尺 nyi

丑 nfd　巴 cnhn　以 cywy　予 cbj　书 nnhy　贝 mhny

五画

末 gsi　未 fii　击 fmk　戋 gggt　正 ghd　甘 afd　世 anv　本 sgd　术 syi

可 skd　丙 gmwi　左 daf　丕 gigf　右 dkf　布 dmhj　戊 dnyt2　平 guhk　东 aii

卡 hhu　北 ux　凸 hgmg　归 jvg　且 egd　申 jhk　甲 lhnh　由 mhng　史 kqi

央 mdi　册 mmgd　冉 mfd　凹 mmgd　生 tgd　失 rwi　乍 thfd　丘 rgd　斥 ryi

卮 rgbv　乎 tuhk　丛 wwgf　用 etnh　甩 env　氐 qayi　乐 qii　匆 qryi　包 qnv

玄 yxu　兰 uff　半 ufk　头 udi　必 nte　司 ngkd　民 nav　弗 xjk　疋 nhi

出 bmk　丝 xxgf

六画

戎 ade　孝 ftgn　老 ftxb　亚 gogd　亘 gjgf　吏 gkqi　再 gmfd　戌 gdnt　在 dhfd

百 djf　而 dmjj　戍 dynt　死 gqxb　成 dnnt　夹 guwi　夷 gxwi　尧 atgq　至 gcff

乩 hknn　师 jgmh　曳 jxe　曲 mad　网 mqq　肉 mww　年 rhfk　朱 rii　丢 tfcu

乔 tdjj　乒 rgtr　乓 rgyu　向 tmkd　囟 tlqi　后 rgkd　兆 iqv　舛 qahh　产 ute

关 udu　州 ytyh　兴 iwu　农 pei　尽 nyuu　丞 bigf2　买 nudu

注：丞 bigf2 中的“2”表示选 2，其他编码的数字类同。

七画

戒 aak　严 godr　巫 awwi　求 fiyi　甫 gehy　更 gjqi　束 gkii　两 gmww　丽 gmyy

来 goi 丵 gjgh 串 kkhk 邑 kcb 我 trnt 囱 tlqi 希 qdmh 坐 wwff 龟 qjnb
卵 qyty 岛 qynm 兑 ukqb 弟 uxht 君 vtkd

八画

奉 dwfh 武 gahd 表 geu 者 ftjf 其 adwu 直 fhf 丧 fueu 或 akgd 事 gkvh
枣 gmiu 卖 fnud 非 djdd 些 hxff 果 jsi 畅 jhnr 垂 tgaf 乖 tfux 秉 tgvi
臾 vwi 卑 rtfj 阜 wnnf 乳 ebnn 周 mfkd 枭 qyns 氓 ynna 卷 udbb 单 ujfj
肃 vijk 隶 vii 承 bdii 亟 bkcg

九画

奏 dwgd 哉 fakd 甚 adwn 巷 awnb 柬 glii 咸 dgkt 威 dgv 歪 gigh 面 dmjd
韭 djdg 临 jtyj 禺 jmhy 幽 xxmk 拜 rdfh 重 tgjf 禹 tkmy 俎 wweg 胤 txen
养 udyj 叛 udrc 首 uthf 举 iwfh 昼 nyjg 咫 nykw 癸 wgdu

十画

艳 dhqc 袁 fkeu 哥 sksk 鬲 gkmh2 孬 givb3 乘 tuxv 鬯 qobx 玺 qigy 高 ymkf
离 ybmc 弱 xuxu 哿 lksk 能 cexx

十一画

焉 ghgo2 黄 amwu 乾 fjtn 戚 dhit 匏 dfnn3 爽 dqqq 匙 jghx 象 qjeu 够 qkqq
馗 vuth 孰 ybvy 兽 ulgk 艴 xjqc 豞 vcmw

十二画

棘 gmii 黹 ogui 辉 oqpl 鼎 hndn 甥 tgll 黍 twiu 粤 tlon 舒 wfkb 就 yidn
喾 iptk2 毓 cayq 彘 xgxx 越（fha）

十三画

鼓 fkuc 赖 gkim 嗣 kmak 叠 cccg

十四画

嘉 fkuk 截 fwyy 赫 fofo 聚 bcti 斡 fjwf2 兢 dqdq 嘏 dnhc 臧 dndt 夥 jsqq
舞 rlgh 毓 txgq 睾 tlff 䶮 ehnn 疑 xtdh 孵 qytb 暨 vcag 嫱 vfuk

十五画

虢 fehm　颐 ahkm　靠 tfkd　緦 llln　豫 cbqe　翰 fjwn　噩 gkkk　整 gkih　臻 gcft
冀 uxlw　羸 ynky

十六画

翱 rdfn4/rdf2　餐 hq　霏 fdjd　翰 fjw　衡 tqdh　寰 plg　霍 fwyf　瑾 gakg2
燎 odui　蒙 apg　霓 fvq　凝 uxt　蒲 aigy　黔 lfon　嫱 vfuk2　燃 oqdo　融 gkm
遂 uep　潭 isj　糖 oyvk　潼 iujf　锡 qjq　熹 fkuo2　羲 ugt　鸯 mdq

十七画

戴 falw　豳 eemk　黻 oguc　黏 twik　爵 elvf　羸 ynky　羸 uthg　隳 bdan

十八画

馥 tjtt　蹶 ujfe

十九画

黼 oguy　簸 iqfc　羸 ynky　羸 ynky　疆 xfgg　锤 qtgf　舞 rlgh　浅 igt

还有部分特殊字的编码如下：

戈 agnt　弋 agny　阝 bnh3　卩 bnh2　凵 bnh4　盛 dnnl　勤 akgl　武 gah　贰 afm
竹 ttg　羽 nny　绕 xat　户 yne　彦 uter　股 rvnc　翘 atgn　废 ynty　舆 wfl
凹 mmgd　凸 hgm　戊 dny　戌 dgn　夕 qtny　丫 uhk　兆 iqv　兜 qrnq　鹿 ynj
嗤 kbhj　鼠 vnu　尴 dnjl　尬 dndn　粤 tlo　养 udyj　羊 udj　革 af　垂 tga
曳 jxe　甲 lhnh　乙 nnl　弓 xng　臼 vth　刁 ngd　曹 gma

二、难拆字综合练习

1．练习一（480字）

拜凹翱靶耙霸傲稗版拌伴半绊豹碑悲卑辈敝弊鞭彪鳖憋斌濒秉拨博搏膊哺埠簿蚕槽策豺搀谗厂乘承虫丑锄楚处舜斯撕嘶肆似巳捶锤垂寸撮歹耽丹岛第碘典叼懂毒犊锻蛾峨鹅娥伐乏阀飞饿

耳贰筏夫敷釜脯赋阜父缚跟耕更庚感皋革根羹躬辜瓜罐惯贯瑰憾毫黑很鬼裹喊撼哼亨

喉猴弧互缓换棘脊既荚昏豁惑击颊甲兼缄拣减践贱降浇嚼睫见件溅建戒巾斤谨韭九厩救眷卷撅攫臼舅

疽倦抉爵君俊卡慨慷糠来澜谰揽靠克亏喇览懒缆滥榔狼廊朗敛脸炼练浪牢勒镰粮撩聊僚疗燎潦镣六窿鹿旅临龄榴留率卵麦忙矛茂貌美免勉娩缅寐妹门冕面蔑灭鸣末牟某拇蔫年鸟孽姆哪乃

囊凝扭纽脓浓疟哦鸥牌徘湃派藕偶爬排判叛磅砰抨片撇瞥婆破莆圃频苹萍瓶普妻气遣歉羌墙蔷求曲躯龋且擒禽球犬缺炔榷雀群瓤壤壬刃绒柔攘嚷扰绕伞丧陕膳善烧舌身尸士世市升盛剩失

手戍耍甩睡瞬搜艘祟糖躺掏塑溯肃穗逃套藤腾誊舔腆挑头凸兔退眺跳廷彤吞屯鸵唾瓦袜歪挽呜钨毋五亡妄问瓮午舞侮坞戊西夕霞楔卸行兄暇峡乡晓羞锈戌血熏讯迅鸦蚜雅哑亚呀丫芽牙讶

焉蜒演彦央鸯秧夷遗胰疑痒漾曳夜姨彝已乙肄赢庸用御渊冤缘由迂隅予曰凿枣早乍炸窄毡整正止舟栈杖丈仗株茱铢珠属瞩爪足禺氏兆谏亍兀丐廿尥尬尴弋制追幺自缶竹曹粤

练习一答案：

拜 rdfh　凹 mmgd　翱 rdfn　靶 afcn　耙 dicn　霸 fafe　傲 wgqt　稗 trtf
版 thgc　拌 rufh　伴 wufh　半 ufk　绊 xufh　豹 eeqy　碑 drtf　悲 djdn
卑 rtfj　辈 djdl　敝 umit　弊 umia　鞭 afwq　彪 hame　鳖 umig　憋 umin
斌 ygah　濒 ihim　秉 tgvi　拨 rnty　博 fgef　搏 rgef　膊 egef　哺 kgey
埠 fwnf　簿 tigf　蚕 gdju　槽 sgmj　策 tgmi　豺 eeft　搀 rqku　谗 yqku
厂 dgt　乘 tuxv　承 bdii　虫 jhny　丑 nfd　锄 qegl　楚 ssnh　处 thi
舜 epqh　斯 adwr　撕 radr　嘶 kadr　肆 dvfh　似 wnyw　巳 nngn　捶 rtgf
锤 qtgf　垂 tgaf　寸 fghy　撮 rjbc　歹 gqi　耽 bpqn　丹 myd　岛 qynm
第 txht　碘 dmaw　典 mawu　叼 kngg　懂 natf　毒 gxgu　犊 trfd　锻 qwdc
蛾 jtrt　峨 mtrt　鹅 trng　娥 vtrt　伐 wat　乏 tpi　阀 uwae　飞 nui
饿 qntt　耳 bghg　贰 afmi　筏 twar　夫 fwi　敷 geht　釜 wqfu　脯 egey
赋 mgah　阜 wnnf　父 wqu　缚 xgef　跟 khve　耕 difj　更 gjqi　庚 yvwi
感 dgkn　皋 rdfj　革 afj　根 svey　龚 ugod　躬 tmdx　辜 duj　瓜 rcyi

罐 rmay	惯 nxfm	贯 xfmu	瑰 grqc	憾 ndgn	毫 yptn	黑 lfou	很 tvey
鬼 rqci	裹 yjse	喊 kdgt	撼 rdgn	哼 kybh	亨 ybj	喉 kwnd	猴 qtwd
弧 xrcy	互 gxgd	缓 xefc	换 rqmd	棘 gmii	脊 iwef	既 vcaq	荚 aguw
昏 qajf	豁 pdhk	惑 akgn	击 fmk	颊 guwm	甲 lhnh	兼 uvou	缄 xdgt
拣 ranw	减 udgt	践 khgt	贱 mgt	降 btah	浇 iatq	嚼 kelf	睫 hgvh
见 mqb	件 wrhh	溅 imgt	建 vfhp	戒 aak	巾 mhk	斤 rtth	谨 yakg
韭 djdg	九 vtn	厩 dvcq	救 fiyt	眷 udhf	卷 udbb	撅 rduw	攫 rhhc
臼 vthg	舅 vllb	疽 uegd	倦 wudb	抉 rnwy	爵 elvf	君 vtkd	俊 wcwt
卡 hhu	慨 nvcq	慷 nyvi	糠 oyvi	来 goi	澜 iugi	谰 yugi	揽 rjtq
靠 tfkd	克 dqb	亏 fnv	喇 kgkj	览 jtyq	懒 ngkm	缆 xjtq	滥 ijtl
榔 syvb	狼 qtye	廊 yyvb	朗 yvce	敛 wgit	脸 ewgi	炼 oanw	练 xanw
浪 iyve	牢 prhj	勒 afln	镰 qyuo	粮 oyve	撩 rdui	聊 bqtb	僚 wdui
疗 ubk	燎 odui	潦 idui	镣 qdui	六 uygy	窿 pwbg	鹿 ynjx	旅 ytey
临 jtyj	龄 hwbc	榴 sqyl	留 qyvl	率 yxif	卵 qyty	麦 gtu	忙 nynn
矛 cbtr	茂 adnt	貌 eerq	美 ugdu	免 qkqb	勉 qkql	娩 vqkq	缅 xdmd
寐 pnhi	妹 vfiy	门 uyhn	冕 jqkq	面 dmjd	蔑 aldt	灭 goi	鸣 kqyg
末 gsi	牟 crhj	某 afsu	拇 rxgu	蔫 agho	年 rhfk	鸟 qyng	孽 awnb
姆 vxgu	哪 kvfb	乃 etn	囊 gkhe	凝 uxth	扭 rnfg	纽 xnfg	脓 epey
浓 ipey	疟 uagd	哦 ktrt	鸥 aqqg	牌 thgf	徘 tdjd	湃 irdf	派 irey
藕 adiy	偶 wjmy	爬 rhyc	排 rdjd	判 udjh	叛 udrc	榜 diuy	砰 dguh
抨 rguh	片 thgn	撇 rumt	瞥 umih	婆 ihcv	破 dhcy	莆 agey	圃 lgey
频 hidm	苹 aguh	萍 aigh	瓶 uagn	普 uogj	妻 gvhv	气 rnb	遣 khgp
歉 uvow	羌 udnb	墙 ffuk	蔷 afuk	求 fiyi	曲 mad	躯 tmdq	龋 hwby
且 egd	擒 rwyc	禽 wybc	球 gfiy	犬 dgty	缺 rmnw	炔 onwy	榷 spwy
雀 iwyf	群 vtkd	瓤 ykky	壤 fyke	壬 tfd	刃 vyi	绒 xadt	柔 cbts
攘 ryke	嚷 kyke	扰 rdnn	绕 xatq	伞 wuhj	丧 fueu	陕 bguw	膳 eudk
善 uduk	烧 oatq	舌 tdd	身 tmdt	尸 nngt	士 fghg	世 anv	市 ymhj
升 tak	盛 dnnl	剩 tuxj	失 rwi	手 rtgh	戍 dynt	耍 dmjv	甩 env
睡 htgf	瞬 heph	搜 rvhc	艘 tevc	祟 bmfi	糖 oyvk	躺 tmdk	掏 rqrm
塑 ubtf	溯 iube	肃 vijk	穗 tgjn	逃 iqpv	套 ddu	藤 aeui	腾 eudc
誊 udyf	舔 tdgn	腆 emaw	挑 riqn	头 udi	凸 hgmg	兔 qkqy	退 vepi
眺 hiqn	跳 khiq	廷 tfpd	彤 myet	吞 gdkf	屯 gbnv	鸵 qynx	唾 ktgf

瓦 gnyn	袜 pugs	歪 gigh	挽 rqkq	鸣 kqng	鸲 qqng	毋 xde	五 gghg
亡 ynv	妄 ynvf	问 ukd	瓮 wcgn	午 tfj	舞 rlgh	侮 wtxu	坞 fqng
戊 dnyt	西 sghg	夕 qtny	霞 fnhc	楔 sdhd	卸 rhbh	行 tfhh	兄 kqb
暇 jnhc	峡 mguw	乡 xte	晓 jatq	羞 udnf	锈 qten	戌 dgnt	血 tld
熏 tglo	讯 ynfh	迅 nfpk	鸦 ahtg	蚜 jaht	雅 ahty	哑 kgog	亚 gogd
呀 kaht	丫 uhk	芽 aaht	牙 ahte	讶 yaht	焉 ghgo	蜓 jthp	演 ipgw
彦 uter	央 mdi	鸯 mdqg	秧 tmdy	夷 gxwi	遗 khgp	胰 egxw	疑 xtdh
痒 uudk	漾 iugi	曳 jxe	夜 ywty	姨 vgxw	彝 xgoa	已 nnnn	乙 nnll
肄 xtdh	赢 ynky	庸 yveh	用 etnh	御 trhb	渊 itoh	冤 pqky	缘 xxey
由 mhng	迂 gfpk	隅 bjmy	予 cbj	曰 jhng	凿 ogub	枣 gmiu	早 jhnh
乍 thfd	炸 othf	窄 pwtf	毡 tfnk	整 gkih	正 ghd	止 hhhg	舟 tei
栈 sgt	杖 sdyy	丈 dyi	仗 wdyy	株 sriy	茱 ariu	铢 qriy	珠 griy
属 ntky	瞩 hnty	爪 rhyi	足 khu	禺 jmhy	氏 qayi	兆 iqv	谏 ygli
亍 fhk	兀 gqv	丐 ghnv	廿 aghg	尥 dnqy	尬 dnwj	尴 dnjl	弋 agny
制 rmhj	追 wnnp	幺 xnny	自 thd	缶 rmk	竹 ttgh	曹 gmaj	粤 tlon

2. 练习二

蔻寇凸凹尴尬乌鸟鼠翔亦沈兵婚昏剩乖厅幼乙迹哦撇糟曹匹亏垂愚麦牛羊养差春赫矛氏戈弋豹斤丘求巫吏柬带不曹甫龙囊肆牙甚万与丈甘其典骨卢曲非内央北止虐凸凹拜垂长身囱皋氏丹

秉兆鼻丘册及卵甩用系禹印留重段乌义亦亲夜门之丑承民乃孕书登刁函张弗那巢彝收母以爿井专武临师业舟爪殷弊并兼敝脊牟失禽喝勿匆刃然祭遗逮君隶建切顷誉淫尚少曳插飞祟扁继乡

爽岛本奔叉茶禺官鲁策陆黑具赤龙龙垂丧耕其母求毛非长出练曹片身藏敖乘支去云拜敖得夫无正酉下击未末遭井韦釜栽耕非考墙才求蛋亚事吏事囊再曹市丙寅本束柬束术平来巫世甘其革

辰灭太了丈兀尤万页成戌咸豖百甫不东练尧臣四巨瓦既牙隆歹死爽于夹与屯捷夷严丌互拔卤监甩且面县典丹册冉巾央黑果单史里贵勤电曳申禺少扁而见免矢失千壬丢熏重垂牛缶卸制朱舞

天生告特我段升吒插秉舌毛午气长片卑卤丘舟般斥所瓜舆爪币自身禹追角延乎豹乏臾鱼免风夜狗乌勿黎卯留勺曷饭久鸟卵氏乐恼亡鹿产亥州半羊着北渊觉兆脊并关首酋敝农义沈鹤祉补户

良永官遐尺快即丑爿尹庚庸隶弟弗敢刁臧卫出亟丞疏蛋那飞报予发刃互乡幽母贯杨书乜叉场物派瑰赘塌魔狭遭丈西连穿亡户柔单乡片仗饿乏予添养兀追牙齐媲寒声羊特卡雅茗万龄秧亦斜

（答案略）

3. 练习三

竹叛连眷盛敷戋撇舟卑疏贱瘪矛甘巴仿拜狭余鹅赛肃晓衅肺哀乙段牛午伞貌雀缘兰舆舞丹彤凸凹麦克匆刁肆丫爪拜敖夫无正酉下击未末寒井韦善养哉耒非兆考墙才求疋矢失牛特千干壬丢

熏垂缺缸舞制卸朱夭生先段升插托秉舌毛午气长追角延乎貌乏鱼免风向夜狗鸟乌勿黎卯留勺曷半羊着看善北渊州学兆井并首着看敝农义沈牙神妻庸隶弟弗敢刁戚臧卫出丞蔬旋旅那飞服报

予发忍互缘乡幽母贯杨书也叉户良永阜虐尺决即既丑戕尹饮久条卵氏东乐离脑忘亡鹿彦该卑舟般殷所瓜爪币身禹骨奏姊氏乙印野曳疋牙血戊勿鸟乌罔甲四派卤率美羊击互夹假段乖乘鬼贵

缸革甫东刁长声卧短齿春丑曹采彩匕豹瓣拜巴辰差叉骨革丹舟母击舌毛午气长追角所瓜爪币身禹骨姊氏乙甲翘犬夹世曲禹股恭栽非其鳝凸午未夫专秉永段申牛尤与身州越予曳武飞官瀛舞

貌派酒薄非乘朱重年龙书事严印乌鬼食着帛鬻藏元毛垂离追决或千知万片长承乐北考低每啊髓曹抓餐凹戊敝末辰看着且具佳谁须顺充发比东癸怨长七匕金鱼儿夕家乡豹用月采毛衣白手气头斤言文方广圭立辛六病门寡壅隳圕鄙彀鬶鬯篪羹蔻匫夔酆鼎爿沔蹬蹼臧

（答案略）

第五节　百家姓练习

练习目的：熟习字的拆分和百家姓的读音。

要求：速度达到每分钟 140 字以上。

一、百家姓（一）

赵钱孙李　周吴郑王　冯陈诸卫　蒋沈韩杨
朱秦尤许　何吕施张　孔曹严华　金魏陶姜
戚谢邹喻　柏水窦章　云苏潘葛　奚范彭郎
鲁韦昌马　苗凤花方　俞任袁柳　酆鲍史唐
费廉岑薛　雷贺倪汤　滕殷罗毕　郝邬安常

乐于时傅　皮卡齐康　伍余元卜　顾孟平黄
和穆萧尹　姚邵堪汪　祁毛禹狄　米贝明臧
计伏成戴　谈宋茅庞　熊纪舒屈　项祝董粱
杜阮蓝闵　席季麻强　贾路娄危　江童颜郭
梅盛林刁　钟徐邱骆　高夏蔡田　樊胡凌霍

虞万支柯　昝管卢莫　经房裘缪　干解应宗
丁宣贲邓　郁单杭洪　包诸左石　崔吉钮龚
程嵇邢滑　裴陆荣翁　荀羊於惠　甄魏家封
芮羿储靳　汲邴糜松　井段富巫　乌焦巴弓
牧隗山谷　车侯宓蓬　全郗班仰　秋仲伊宫

百家姓（一）标注：

赵 fhq	钱 qg	孙 bi	李 sb	周 mfk	吴 kgd
郑 udb	王 gggg	冯 uc	陈 ba	褚 pufj	卫 bg
蒋 auq	沈 ipq	韩 fjfh	杨 sn	朱 ri	秦 dwt
尤 dnv2	许 ytf	何 wsk	吕 kk	施 ytb	张 xt
孔 bnn	曹 gma	严 god	华 wxf	金 qqqq	魏 tvr
陶 bqr	姜 ugv	戚 dhi	谢 ytm	邹 qvb	喻 kwgj

续表

柏 srg	水 ii	窦 pwfd	章 ujj	云 fcu2	苏 alw
潘 itol	葛 ajq	奚 exd	范 aib	彭 fkue	郎 yvcb
鲁 qgj	韦 fnh	昌 jj	马 cn	苗 alf	凤 mc
花 awx	方 yy	俞 wgej	任 wtf	袁 fke	柳 sqt
酆 dhdb	鲍 qgq	史 kq	唐 yvh	费 xjm	廉 yuvo
岑 mwyn	薛 awnu	雷 flf	贺 lkm	倪 wvq	汤 inr
滕 eudi	殷 rvn	罗 lq	毕 xxf	郝 fob	邬 qngb
安 pv	常 ipkh	乐 qi	于 gf	时 jf	傅 wge
皮 hc	卞 hhu	齐 yjj	康 yvi	伍 wgg	余 wtu
元 fqb	卜 hhy	顾 db	孟 blf	平 gu	黄 amw
和 t	穆 tri	萧 avij	尹 vte	姚 viq	邵 vkb
堪 fad	汪 ig	祁 pyb	毛 tfn	禹 tkm	狄 qtoy2
米 oy	贝 mhny	明 je	臧 dnd	计 yf	伏 wdy
成 dn	戴 falw	谈 yoo	宋 psu	茅 acbt	庞 ydx
熊 cexo	纪 xn	舒 wfkb	屈 nbm	项 adm	祝 pyk
董 atg	梁 ivw	杜 sfg	阮 bfq	蓝 ajt	闵 uyi
席 yam	季 tb	麻 yss	强 xk	贾 smu	路 kht
娄 ov	危 qdb	江 ia	童 ujff	颜 utem	郭 ybb
梅 stx	盛 dnnl	林 ss	刁 ngd	钟 qkhh	徐 twt
邱 rgb	骆 ctk	高 ym	夏 dht	蔡 awf	田 lll
樊 sqqd	胡 de	凌 ufw	霍 fwyf	虞 hak	万 dnv
支 fc	柯 ssk	昝 thk	管 tp	卢 hn	莫 ajd
经 x	房 yny	裘 fiye	缪 xnw	干 fggh	解 qev
应 yid	宗 pfi	丁 sgh	宣 pgj	贲 fam	邓 cb
郁 deb	单 ujfj	杭 sym	洪 iaw	包 qn	诸 yft
左 da	石 dgtg	崔 mwy	吉 fk	钮 qnf	龚 dxa
程 tkgg	嵇 tdnm	邢 gab	滑 ime	裴 djde	陆 bfm
荣 aps	翁 wcn	荀 aqj	羊 udj	於 ywu	惠 gjh
甄 sfgn	麹 gtqo	家 pe	封 fffy	芮 amwu2	羿 naj2
储 wyf	靳 afr	汲 iey	邴 gmwb2	糜 ysso	松 swc
井 fjk	段 wdm	富 pgk	巫 aww	乌 qng	焦 wyo
巴 cnh	弓 xng	牧 trt	隗 brq	山 mmm	谷 wwk
车 lg	侯 wnt	宓 pntr	蓬 atdp	全 wg	郗 qdmb
班 gyt	仰 wqbh	秋 to	仲 wkhh	伊 wvt	宫 pk

二、百家姓（二）

宁仇栾暴　甘钭厉戎　祖武符刘　景詹束龙

叶幸司韶 郜黎蓟薄 印宿白怀 蒲台从鄂
索咸籍赖 卓蔺屠蒙 池乔阴郁 胥能苍双
闻莘党翟 谭贡劳逄 姬申扶堵 冉宰郦雍
却璩桑桂 濮牛寿通 边扈燕冀 郏浦尚农

温别庄晏 柴瞿阎充 慕连茹习 宦艾鱼容
向古易慎 戈廖庚终 暨居衡步 都耿满弘
匡国文寇 广禄阙东 殴殳沃利 蔚越夔隆
师巩厍聂 晁勾敖融 冷訾辛阚 那简饶空
曾毋沙乜 养鞠须丰 巢关蒯相 查后荆红

游竺权逯 盖後桓公 万俟司马 上官欧阳
夏侯诸葛 闻人东方 赫连皇甫 尉迟公羊
澹台公冶 宗政濮阳 淳于单于 太叔申屠
公孙仲孙 轩辕令狐 钟离宇文 长孙慕容
鲜于闾丘 司徒司空 亓官司寇 仉督子车

颛孙端木 巫马公西 漆雕乐正 壤驷公良
拓拔夹谷 宰父谷粱 晋楚闫法 汝鄢涂钦
段干百里 东郭南门 呼延归海 羊舌微生
岳帅缑亢 况后有琴 梁丘左丘 东门西门
商牟佘佴 伯赏南宫 墨哈谯笪 年爱阳佟
第五言福 百家姓终

百家姓（二）标注：

宁 ps	仇 wvn	栾 yos	暴 jaw	甘 afd	钭 quf
厉 ddn	戎 ade	祖 pye	武 gah	符 twf	刘 yj
景 jy	詹 qdw	束 gki	龙 dx	叶 kf	幸 fuf
司 ngk	韶 ujv	郜 tfkb	黎 tqt	蓟 aqgj	薄 aig
印 qgb	宿 pwdj	白 rrr	怀 ng	蒲 aigy	台 ck
从 ww	鄂 kkfb	索 fpx	咸 dgk	籍 tdij	赖 gkim

续表

卓 hjj	蔺 auw	屠 nft	蒙 apg	池 ib	乔 tdj
阴 be	郁 deb	胥 nhe	能 ce	苍 awb	双 cc
闻 ub	莘 auj	党 ipk	翟 nwyf	谭 ysj	贡 am
劳 apl	逄 tah	姬 vah	申 jhk	扶 rfw	堵 fft
冉 mfd	宰 puj	郦 gmyb	雍 yxt	郤 wwkb2	璩 ghae
桑 cccs	桂 sff	濮 iwo	牛 rhk	寿 dtf	通 cep
边 lp	扈 ynkc	燕 au	冀 uxl	郏 guwb2	浦 igey
尚 imkf	农 pei	温 ijl	别 klj	庄 yfd	晏 jpv
柴 hxs	翟 nwyf	阎 uqvd	充 yc	慕 ajdn	连 lpk
茹 avk	习 nu	宦 pah	艾 aqu	鱼 qgf	容 pww
向 tm	古 dgh	易 jqr	慎 nfh	戈 agnt	廖 ynw
庾 yvw	终 xtu	暨 vcag	居 nd	衡 tqdh	步 hi
都 ftjb	耿 bo	满 iagw	弘 xcy	匡 agd	国 L
文 yygy	寇 pfqc	广 yygt	禄 pyv	阙 uub	东 ai
殴 aqm	殳 mcu	沃 itdy	利 tjh	蔚 anf	越 fha
夔 uht	隆 btg	师 jgm	巩 amy	厍 dlk	聂 bccu
晁 jiq2	勾 qci	敖 gqty2	融 gkm	冷 uwyc	訾 hxy
辛 uygh	阚 unb	那 vfb	简 tuj	饶 qna	空 pw
曾 ul	毋 xde	沙 iit	乜 nnv	养 udyj	鞠 afq
须 ed	丰 dh	巢 vjs	关 ud	蒯 aeej	相 sh
查 sj	后 rg	荆 aga	红 xa	游 iytb	竺 tff
权 sc	逯 vipi2	盖 ugl	后 rg	桓 sgjg	公 wc
万 dnv 俟 wct		司 ngk 马 cn		上 h 官 pn	
欧 aqq 阳 bj		夏 dht 侯 wnt		诸 yft 葛 ajq	
闻 ub 人 w		东 ai 方 yy		赫 fof 连 lpk	
皇 rgf 甫 geh		尉 nfif 迟 nyp		公 wc 羊 udj	
澹 lqdy 台 ck		公 wc 冶 uck		宗 pfi 政 ght	
濮 iwo 阳 bj		淳 iyb 于 gf		单 ujfj 于 gf	
太 dy 叔 hic		申 jhk 屠 nft		公 wc 孙 bi	
仲 wkhh 孙 bi		轩 lf 辕 lfk		令 wyc 狐 qtr	
钟 qkhh 离 yb		宇 pgf 文 yygy		长 ta 孙 bi	
慕 ajdn 容 pww		鲜 qgu 于 gf		闾 ukkd 丘 rgd	
司 ngk 徒 tfhy		司 ngk 空 pwa		亓 fjj 官 pn	
司 ngk 寇 pfqc		仉 wmn 督 hich		子 bb 车 lg	

续表

颛 mdmm　孙 bi	端 umdj　木 ssss	巫 aww　马 cn
公 wc　西 sghg	漆 isw　雕 mfky	乐 qi　正 ghd
壤 fyk　驷 clg	公 wc　良 yv	拓 rd　拔 rdc
夹 guw　谷 wwk	宰 pjj　父 wqu	谷 wwk　梁 ivw
晋 gogj　楚 ssn	闫 udd　法 if	汝 ivg　鄢 ghgb
涂 iwt　钦 qqw	段 wdm　干 fggh	百 dj　里 jfd
东 ai　郭 ybb	南 fm　门 uyh	呼 kt　延 thp
归 jv　海 itx	羊 udj　舌 tdd	微 tmg　生 tg
岳 rgm　帅 jmh	缑 xwn　亢 ymb	况 ukq　后 rg
有 e　琴 ggw	梁 ivw　丘 rgd	左 da　丘 rgd
东 ai　门 uyh	西 sghg　门 uyh	商 um　牟 cr
佘 wfiu2　佴 wbg 2	伯 wr　赏 ipkm	南 fm　宫 pk
墨 lfof　哈 kwg	谯 ywyo2　笪 tjgf3	年 rh　爱 ep
阳 bj　佟 wtuy2	第 tx　五 gg	言 yyy　福 pyg
百 dj　家 pe	姓 vtg　终 xtu	

相关链接

容易读错的姓

贲（姓）Bēn　卞（姓）Biàn　种（姓）Chóng　褚（姓）Chǔ　鹄（姓）Gǔ
炅（姓）Guì　过（姓）Guō　郝（姓）Hǎo　华（姓）Huà　籍（姓）Jí
纪（姓）Jǐ　监（姓）Jiàn　俱（姓）Jū　阚（姓）Kàn　颌（姓）Gé
勾（姓）Gōu　那（姓）Nā　铙（姓）Náo　区（姓）ōu　朴（姓）Piáo
繁（姓）Pó　仇（姓）Qiú　任（姓）Rén　单（姓）Shàn　佘（姓）Shé
厍（姓）Shè　莘（姓）Shēn　佟（姓）Tóng　冼（姓）Xiǎn　铣（姓）Xiǎn
燕（姓）Yān　员（姓）Yùn　恽（姓）Yùn　臧（姓）Zāng　祭（姓）Zhài
令（姓）Líng　颉（姓）Xié　解（姓）Xiè

澹台（复姓）Tántái　逄门（复姓）Pángmén　逄孙（复姓）Pángsūn
逄侯（复姓）Pánghóu　耶律（复姓）Yélǜ　万俟（复姓）Mòqí

第六节　二级简码练习

二级简码是五笔提速的核心部分，因此一定要练熟。

初学者每次不要多练，一次练习 50 ~ 100 个字为好，练熟一个单元再练另一个单元。每练熟一部分，准确率都应是 100%。

练习要求：用置乱方式练习。

一、二级简码高频单字

［注意：以下 357 个二级简码是应用频率较高单字（★★★★），应首先练熟。］

五于天开下理事画现表　列玉平不来与到互二城
直进吉协南才夫无增示　过志地支三大厅左丰百
右历面帮原春克太达成　顾友龙本村林相查可机
格极检构术样杨李要权　七革基式划或功贡莱共
区东世节切药止旧占具　步眼皮此量时果早遇明

晚景显电最紧叶顺中虽　另员呼听吸只史车因困
四加男力办罗罚较边思　轻累同财央曲由则几内
风邮生行知条长处得各　务向笔物秀答称入科管
季委么第比后持打找年　提手失换扩拉近所报反
批且须采用及爱服全会　代个介保作仍从你信们

偿亿他分公化钱针然外　名负儿铁角多久乐包争
色主计庆订度让刘训为　高放诉认义方说就变这
记离良充率半关亲并站　间部曾商产前交六立普
决闻北法江小没少兴光　注洋水学当汉业类煤烟
米料断定害宁审军客家　空社实灾之官字安它怀

导居民收届必心习尼卫　际承阿陈阳职出降队防
联孙也子限取杂如九录　好妇对参台观能难马邓
艰双线结红引强细张级　给约继综纪绿经

二级简码高频单字标注：

五 gg	于 gf	天 gd	开 ga	下 gh	理 gj
事 gk	画 gl	现 gm	表 ge	列 gq	玉 gy
平 gu	不 gi	来 go	与 gn	到 gc	互 gx
二 fg	城 fd	直 fh	进 fj	吉 fk	协 fl
南 fm	才 ft	夫 fw	无 fq	增 fu	示 fi
过 fp	志 fn	地 fb	支 fc	三 dg	大 dd
厅 ds	左 da	丰 dh	百 dj	右 dk	历 dl
面 dm	帮 dt	原 dr	春 dw	克 dq	太 dy
达 dp	成 dn	顾 db	友 dc	龙 dx	本 sg
村 sf	林 ss	相 sh	查 sj	可 sk	机 sm
格 st	极 se	检 sw	构 sq	术 sy	样 su
杨 sn	李 sb	要 sv	权 sc	七 ag	革 af
基 ad	式 aa	划 aj	或 ak	功 al	贡 am
菜 ae	共 aw	区 aq	东 ai	世 an	节 ab
切 av	药 ax	止 hh	旧 hj	占 hk	具 hw
步 hi	眼 hv	皮 hc	此 hx	量 jg	时 jf
果 js	早 jh	遇 jm	明 je	晚 jq	景 jy
显 jo	电 jn	最 jb	紧 jc	叶 kf	顺 kd
中 kh	虽 kj	另 kl	员 km	呼 kt	听 kr
吸 ke	只 kw	史 kq	车 lg	因 ld	困 ls
四 lh	加 lk	男 ll	力 lt	办 lw	罗 lq
罚 ly	较 lu	边 lp	思 ln	轻 lc	累 lx
同 mg	财 mf	央 md	曲 ma	由 mh	则 mj
几 mt	内 mw	风 mq	邮 mb	生 tg	行 tf
知 td	条 ts	长 ta	处 th	得 tj	各 tk
务 tl	向 tm	笔 tt	物 tr	秀 te	答 tw
称 tq	人 ty	科 tu	管 tp	季 tb	委 tv
么 tc	第 tx	比 xx	后 rg	持 rf	打 rs
找 ra	年 rh	提 rj	手 rt	失 rw	换 rq
扩 ry	拉 ru	近 rp	所 rn	报 rb	反 rc
批 rx	且 eg	须 ed	采 es	用 et	及 ey
爱 ep	服 eb	全 wg	会 wf	代 wa	个 wh

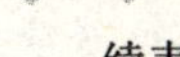

续表

介 wj	保 wk	作 wt	仍 we	从 ww	你 wq
信 wy	们 wu	偿 wi	亿 wn	他 wb	分 wv
公 wc	化 wx	钱 qg	针 qf	然 qd	外 qh
名 qk	负 qm	儿 qt	铁 qr	角 qe	多 qq
久 qy	乐 qi	包 qn	争 qv	色 qc	主 yg
计 yf	庆 yd	订 ys	度 ya	让 yh	刘 yj
训 yk	为 yl	高 ym	放 yt	诉 yr	认 yw
义 yq	方 yy	说 yu	就 yi	变 yo	这 yp
记 yn	离 yb	良 yv	充 yc	率 yx	半 uf
关 ud	亲 us	并 ua	站 uh	间 uj	部 uk
曾 ul	商 um	产 ut	前 ue	交 uq	六 uy
立 uu	普 uo	决 un	闻 ub	北 ux	法 if
江 ia	小 ih	没 im	少 it	兴 iw	光 iq
注 iy	洋 iu	水 ii	学 ip	当 iv	汉 ic
业 og	类 od	煤 oa	烟 ol	米 oy	料 ou
断 on	定 pg	害 pd	宁 ps	审 pj	军 pl
客 pt	家 pe	空 pw	社 py	实 pu	灾 po
之 pp	官 pa	字 pb	安 pv	它 px	怀 ng
导 nf	居 nd	民 na	收 nh	届 nm	必 nt
心 ny	习 nu	尼 nx	卫 bg	际 bf	承 bd
阿 bs	陈 ba	阳 bj	职 bk	出 bm	降 bt
队 bw	防 by	联 bu	孙 bi	也 bn	子 bb
限 bv	取 bc	杂 vs	如 vk	九 vt	录 vi
好 vb	妇 vv	对 cf	参 cd	台 ck	观 cm
能 ce	难 cw	马 cn	邓 cb	艰 cv	双 cc
线 xg	结 xf	红 xa	引 xh	强 xk	细 xl
张 xt	级 xe	给 xw	约 xq	继 xo	综 xp
纪 xn	绿 xv	经 xc			

二、243个常用二级简码单字（★★★）

末玫珠珍弛屯妻寺霜载　垢圾坟赤雪纱夺胡磁砂
灰肆枯械楞析档杰棕楷　苛牙攻匠芳燕弱芝芭睛
睦睚盯虎卤贞睡脾肯餐　眩瞳眯瞎卢晨虹昌蝇曙
昨蝗蛤暗晃晕归昆呈呆　呀吕嘛啼吵纺喧叫啊哪
吧哟轩纲辊轴斩胃辚团　轨朵绵岽册贩骨凡赠峭

旨迪岂凤巅秒秋秘拓扣　押抽折扔朱搂扫肝肛驻
胆肿肋肌遥朋脸胸胶膛　顷甩妥肥脂估休佃仙伯
伙侬钉氏旬甸欠匀炙锭　凶驼衣闰瓣闪冰帝妆冯
汪尖洒浊澡渐泊肖淡沁　池涨灶灯粘烛炽灿烽煌
粗粉炮炒炎迷籽娄烃糯　守宽寂宫宙宾宛宵允慢

避惭怕愉懈悄屡忱忆敢　恨怪耻阵孤阴隐耿辽陛
姨寻姑毁牟旭舅妯矣奶　劝婚妨嫌灵巡刀妈姆骊
骠戏骒

三、二级简码字根标注

取码时先行后列，如“天”=gd，“百”=dj。

		GFDSA	HJKLM	TREWQ	YUIOP	NBVCX
横群	G	五于天末开	下理事画现	玫珠表珍列	玉平不来	与屯妻到互
	F	二寺城霜载	直进吉协南	才垢圾夫无	坟增示赤过	志地雪支
	D	三夺大厅左	丰百右历面	帮原胡春克	太磁砂灰达	成顾肆友龙
	S	本村枯林械	相查可楞机	格析极检构	术样档杰棕	杨李要权楷
	A	七革基苛式	牙划或功贡	攻匠菜共区	芳燕东　芝	世节切芭药
		GFDSA	HJKLM	TREWQ	YUIOP	NBVCX
竖群	H	睛睦睚盯虎	止旧占卤贞	睡脾肯具餐	眩瞳步眯瞎	卢　眼皮此
	J	量时晨果虹	早昌蝇曙遇	昨蝗明蛤晚	景暗晃显晕	电最归紧昆
	K	呈叶顺呆呀	中虽吕另员	呼听吸只史	嘛啼吵　喧	叫啊哪吧哟
	L	车轩因困	四辊加男轴	力斩胃办罗	罚较　辚边	思团轨轻累
	M	同财央朵曲	由则　岽册	几贩骨内风	凡赠峭　迪	岂邮　凤巅

续表

		G F D S A	H J K L M	T R E W Q	Y U I O P	N B V C X
撇群	T	生行知条长	处得各务向	笔物秀答称	入科秒秋管	秘季委么第
	R	后持拓打找	年提扣押抽	手折扔失换	扩拉朱搂近	所报扫反批
	E	且肝须采肛	胆肿肋肌	用遥朋脸胸	及胶膛　爱	甩服妥肥脂
	W	全会估休代	个介保佃仙	作伯仍从你	信们偿伙侬	亿他分公化
	Q	钱针然钉氏	外旬名甸负	儿铁角欠多	久匀乐炙锭	包凶争色
		G F D S A	H J K L M	T R E W Q	Y U I O P	N B V C X
捺群	Y	主计庆订度	让刘训为高	放诉衣认义	方说就变这	记离良充率
	U	闰半关亲并	站间部曾商	产瓣前闪交	六立冰普帝	决闻妆冯北
	I	汪法尖洒江	小浊澡渐没	少泊肖兴光	注洋水淡学	沁池当汉涨
	O	业灶类灯煤	粘烛炽烟灿	烽煌粗粉炮	米料炒炎迷	断籽娄烃糯
	P	定守害宁宽	寂审宫军宙	客宾家空宛	社实宵灾之	官字安　它
		G F D S A	H J K L M	T R E W Q	Y U I O P	N B V C X
折群	N	怀导居　民	收慢避惭届	必怕　愉懈	心习悄屡忱	忆敢恨怪尼
	B	卫际承阿陈	耻阳职阵出	降孤阴队隐	防联孙耿辽	也子限取陛
	V	姨寻姑杂毁	旭如舅妯	九　奶　婚	妨嫌录灵巡	刀好妇妈姆
	C	骊对参骠戏	骒台劝观	矣牟能难允	驻　　驼	马邓艰双
	X	线结顷　红	引旨强细纲	张绵级给约	纺弱纱继综	纪弛绿经比

第十一章

小短文及高频字练习

短文练习的目的是练习连贯性。

第一节　诗　词

要求：准确率 100%。

速度：每分钟 60 字以上。

一、《春晓》孟浩然

春眠不觉晓，处处闻啼鸟。

夜来风雨声，花落知多少。

1. 课文解析

（1）单字：春　眠　晓　闻　啼　鸟　夜　来　声　花　落　知

（2）词汇：不觉　处处　风雨　多少

2. 标注

（1）单字

春 dwj	眠 hna	晓 jat	闻 ub	啼 ku	鸟 qyng
夜 ywt	来 go	声 fnr	花 awx	落 ait	知 td

（2）词汇

不觉 giip	处处 thth	风雨 mqfg	多少 qqit

二、《牧童》吕岩

草铺横野六七里，笛弄晚风三四声。

归来饱饭黄昏后，不脱蓑衣卧月明。

1. 课文解析

（1）单字：草　铺　横　野　六　七　里　笛　弄　声　饱　饭　后　不　脱　卧

（2）词汇：晚风　三四　归来　黄昏　蓑衣　月明

2. 标注

（1）单字

草 ajj	铺 qge	横 sam	野 jfc	六 uy	七 ag
里 jfd	笛 tmf	弄 gaj	声 fnr	饱 qnqn	饭 qnr
后 rg	不 i	脱 euk	卧 ahnh		

（2）词汇

晚风 jqmq	三四 dglh	归来 jvgo	黄昏 amqa
蓑衣 ayye	月明 eeje		

三、《题临安邸》林升

山外青山楼外楼，西湖歌舞几时休？
暖风熏得游人醉，直把杭州作汴州。

1. 课文解析

（1）单字：楼 外 休 熏 得 醉 直 把 作 汴 州

（2）词汇：山外 青山 西湖 歌舞 几时 晚风 游人 杭州

2. 标注

（1）单字

楼 sov	外 qh	休 ws	熏 tgl	得 tj	醉 sgy
直 fh	把 rcn	作 wt	汴 iyh	州 ytyh	

（2）词汇

山外 mmqh	青山 gemm	西湖 sgid	歌舞 skrl	几时 mtjf	晚风 jqmq
游人 iyww	杭州 syyt				

四、《小池》杨万里

泉眼无声惜细流，树阴照水爱晴柔。
小荷才露尖尖角，早有蜻蜓立上头。

1. 课文解析

（1）单字：无 声 惜 树 阴 照 水 爱 晴 柔 小 荷 才 露 尖 角 立

（2）词汇：泉眼 细流 早有 蜻蜓 上头

2. 标注

（1）单字

无 fq	声 fnr	惜 najg	树 scf	阴 be	照 jvko
水 ii	爱 ep	晴 jge	柔 cbts	小 ih	荷 awsk
才 ft	露 fkhk	尖 id	角 qe	立 uu	

（2）词汇

泉眼 rihv	细流 xliy	早有 jhde	蜻蜓 jgjt	上头 hhud

五、测试题

1. 测试题一：打出下面容易拆错的字

牛 万 年 夭 夫 未 末 无 半 来 良 龙 东 乐 世 牙 甫 柬 戒 吏 夹 击 出 再 兆 爪 身 禺 县 互 其 丐

答案：

牛 rhk	万 dnv	年 rh	夭 tdi	夫 fw	未 fii
末 gs	无 fq	半 uf	来 go	良 yv	龙 dx
东 ai	乐 qi	世 an	牙 ah	甫 geh	柬 gli
戒 aak	吏 gkq	夹 guw	击 fmk	出 bm	再 gmf
兆 iqv	爪 rhyi	身 tmd	禺 jmhy	县 egc	互 gx
其 adw	丐 ghn				

2. 测试题二：打出下面难拆字

栽 食 派 制 酒 印 段 承 序 切 越 毛 重 面 牌 凸 凹 典 乘 鸟 垂 武 犹 貌 恭 敝 翠 舞 炼 春 着 辜 群 采 特 拜 州 像 报 柔 饭 所 抓 彤 追 鬼 满 途 赛 补

答案：

栽 fas	食 wyv	派 ire	制 rmhj	酒 isgg	印 qgb
段 wdm	承 bd	序 ycb	切 av	越 fha	毛 tfn
重 tgj	面 dm	牌 thgf	凸 hgm	凹 mmgd	典 maw
乘 tux	鸟 qyng	垂 tga	武 gah	犹 qtdn	貌 eerq
恭 awnu2	敝 umi	翠 nywf	舞 rlg	炼 oanw	春 dw
着 udh	辜 duj	群 vtk	采 es	特 trf	拜 rdfh
州 ytyh	像 wqj	报 rb	柔 cbts	饭 qnr	所 rn
抓 rrhy	彤 mye	追 wnnp	鬼 rqc	满 iagw	途 wtp
赛 pfjm	补 puh				

3．测试题三：打出下面易混淆字

着看　印越　卷巷　武晓　代划　曳茂晓

答案：

着 udh	看 rhf	印 qgb	越 fha	卷 udbb	巷 awn	武 gah	晓 jat	代 wa
划 aj	曳 jxe	茂 and	晓 jat					

第二节　名言短句

要求：每句都能连贯地打出来。

准确率：100%。

速度：每分钟 60 字以上。

一、名言短句解析

节省时间，也就是使一个人的有限的生命，更加有效，而也即等于延长了人的生命。

——鲁迅

1．解析

（1）单字：也　使　人　的　而　也　即　了

（2）词汇：节省　时间　就是　一个　有限　生命　更加　有限　等于　延长

2．标注

（1）单字

也 bn	使 wgkq	人 w	的 r	而 dmj	也 bn	即 vcb	了 b

（2）词汇

节省 abit	时间 jfuj	就是 yijg	一个 ggwh	有限 debv	生命 tgwg
更加 gjlk	有限 debv	等于 tfgf	延长 that		

当许多人在一条路上徘徊不前时，他们不得不让开一条大路，让那珍惜时间的人赶到他们的前面去。

——苏格拉底

1. 解析

(1) 单字：当 人 在 路 上 时 让 那 的 去

(2) 词汇：许多 一条 徘徊 不前 不得不 让开 一条 大路 珍惜 时间 赶到 他们 前面

2. 标注

(1) 单字

当 iv	人 w	在 d	路 kht	上 h	时 jf	让 yh	那 vfb	的 r	去 fcu

(2) 词汇

许多 ytqq	一条 ggts	徘徊 tdtl2	不前 giue	不得不 gtgi	让开 yhga
大路 ddkh	珍惜 gwna	时间 jfuj	赶到 fhgc2	他们 wbwu	前面 uedm

较高级复杂的劳动，是这样一种劳动力的表现，这种劳动力比较普通的劳动力需要较高的教育费用，它的生产需要花费较多的劳动时间。因此，具有较高的价值。

——马克思

1. 解析

(1) 单字：较 的 是

(2) 词汇：高级 复杂 劳动 这样 一种 劳动力 表现 这种 比较 普通 需要 较高 教育 费用 它的 生产 花费 较多 时间 因此 具有 价值

2. 标注

(1) 单字

较 lu	的 r	是 j

(2) 词汇

高级 ymxe	复杂 tjvs	劳动 apfc	这样 ypsu	一种 ggtk	劳动力 aflt
表现 gegm	这种 yptk	比较 xxlu	普通 uoce	需要 fdsv	较高 luym
教育 ftyc	费用 xjet	它的 pxrq	生产 tgut	花费 awxj	较多 luqq
时间 jfuj	因此 ldhx	具有 hwde	价值 wwwf		

熟才能生巧。写过一遍，尽管不像样子，也会带来不少好处。不断地写作才会逐渐摸到文艺创作的底。字纸篓子是我们密友，常往它里面扔弃废稿，一定会有成功的那一天。

——老舍

1．解析

（1）单字：熟 生 巧 地 摸 到 的 底 是 常 往 它 废 稿 那

（2）词汇：才能 写过 一遍 尽管 不像 样子 也会 带来 不少 好处 不断 写作 才会 逐渐 文艺 创作 字纸 篓子 我们 密友 里面 扔弃 一定 会有 成功 一天

2．标注

（1）单字

熟 ybv	生 tg	巧 agnn	地 fb	摸 rajd	到 gc
的 r	底 yq	是 j	常 ipkh	往 tyg	它 px
废 ynty	稿 tym	那 vfb			

（2）词汇

才能 ftce	写过 pgfp	一遍 ggyn2	尽管 nytp	不像 giwq	样子 subb
也会 bnwf	带来 gkgo	不少 giit	好处 vbth	不断 gion	写作 pgwt
才会 ftwf2	逐渐 epil	文艺 yyan	创作 wbwt	字纸 pbxq	篓子 tobb
我们 trwu	密友 pndc2	里面 jfdm	扔弃 reyc	一定 ggpg	会有 wfde
成功 dnal	一天 gggd				

二、测试题

打出下面有“乙”字根的字：

尤 毛 也 心 瓦 似 与 马 号 鸟 甲 由 书 片 虫 万 永 门 囿

答案：

尤 dnv2	毛 tfn	也 bn	心 ny	瓦 gny	似 wny	与 gn
马 cn	号 kgn	鸟 qyng	甲 lhnh	由 mh	书 nnh	片 thg
虫 jhny	万 dnv	永 yni	门 uyh	囿 lfnh		

三、练习［202 个高频字（★★★★）］

而敌活紧爱等习阵怕月　青半火法题建赶位唱海

七女任件感准张团屋爷　离色脸片科倒睛利病刚

且由送切星导晚表够整　认响雪流未场该并底深

刻平伟忙提确近亮轻讲　农古黑告界拉名呀土清
阳照办史改历转画造嘴　此治北必服雨穿父内识

验传业菜爬睡兴形量咱　观苦体众通冲合破友度
术饭公旁房极南枪读沙　岁线野墅空收算至政城
劳落钱特围弟胜教热展　包歌类渐强数乡呼性音
答哥际旧神座章帮啦受　系令跳非何牛取入岸敢
掉忽种装顶急林停息句　娘区衣般报叶压母慢叔
背细

202 个高频字标注：

而 dmj	敌 tdt	活 itd	紧 jc	爱 ep	等 tffu
习 nu	阵 bl	怕 nr	月 eee	青 gef	半 uf
火 ooo	法 if	题 jghm	建 vfhp	赶 fhfk	位 wug
唱 kjj	海 itx	七 ag	女 vvv	任 wtf	件 wrh
感 dgkn	准 uwy	张 xt	团 lft	屋 ngc	爷 wqb
离 yb	色 qc	脸 ew	片 thg	科 tu	倒 wgc
睛 hg	利 tjh	病 ugm	刚 mqj	且 eg	由 mh
送 udp	切 av	星 jtg	导 nf	晚 jq	表 ge
够 qkqq	整 gkih	认 yw	响 ktm	雪 fv	流 iyc
未 fii	场 fnrt	该 yynw	并 ua	底 yqa	深 ipw
刻 ynt	平 gu	伟 wfn	忙 nynn	提 rj	确 dqe
近 rp	亮 ypm	轻 lc	讲 yfj	农 pei	古 dgh
黑 lfo	告 tfkf	界 lwj	拉 rug	名 qk	呀 ka
土 ffff	清 ige	阳 bj	照 jvko	办 lw	史 kq
改 nty	历 dl	转 lfn	画 gl	造 tfkp	嘴 khx
此 hx	治 ick	北 ux	必 nt	服 eb	雨 fghy
穿 pwat	父 wqu	内 mw	识 ykw	验 cwg	传 wfny
业 og	菜 ae	爬 rhyc	睡 ht	兴 iw	形 gae
量 jg	咱 kth	观 cm	苦 adf	体 wsg	众 www
通 cep	冲 ukh	合 wgk	破 dhc	友 dc	度 ya
术 sy	饭 qnr	公 wc	旁 upy	房 yny	极 se
南 fm	枪 swb	读 yfn	沙 iit	岁 mqu	线 xg
野 jfc	墅 jfcf	空 pw	收 nh	算 tha	至 gcf
政 ght	城 fd	劳 apl	落 ait	钱 qg	特 trf

续表

围 lfnh	弟 uxh	胜 etg	教 ftbt	热 rvyo	展 nae
包 qn	歌 sksw	类 od	渐 il	强 xk	数 ovt
乡 xte	呼 kt	性 ntg	音 ujf	答 tw	哥 sks
际 bf	旧 hj	神 pyj	座 yww	章 ujj	帮 dt
啦 kru	受 epc	系 txi	令 wyc	跳 khi	非 djd
何 wsk	牛 rhk	取 bc	入 ty	岸 mdfj	敢 nb
掉 rhj	忽 qrn	种 tkh	装 ufy	顶 sdm	急 qvn
林 ss	停 wyp	息 thn	句 qkd	娘 vyv	区 aq
衣 ye	般 tem	报 rb	叶 kf	压 dfy	母 xgu
慢 nj	叔 hic	背 uxe	细 xl		

第三节　短　文

要求：速度达到每分钟60字以上，打法连贯。

一、短文解析

北京是中华人民共和国的首都，全国政治、文化和国际交往中心。

北京是一座有三千余年历史的文化名城，历史上共有五个皇朝曾在此定都，是世界历史文化名城和中国四大古都之一。故宫、天坛、颐和园、圆明园、北海公园等数不胜数的古迹为这座城市添加了更绚烂的色彩。

1. 解析

(1) 单字：是　的　和　有　上　五　个　皇　朝　此　等　为　这　座　了　更

(2) 词汇：北京　中华人民共和国　首都　全国　政治　文化　国际　交往　中心　一座　余年　历史　名城　共有　曾在　定都　世界　中国　四大　古都　之一　故宫　天坛　颐和园　圆明园　北海　公园　数不胜数　古迹　城市　绚烂　色彩

2. 标注

(1) 单字

是 j	的 r	和 t	有 e	上 h	五 gg
个 wh	皇 rgf	朝 fje	此 hx	等 tffu	为 o
这 p	座 yww	了 b	更 gjq		

（2）词汇

北京 uxyi	中华人民共和国 kwwl	首都 utft	全国 wglg
政治 ghic	文化 yywx	国际 lgbf	交往 uqty
中心 khny	一座 ggyw	余年 wtrh	历史 dlkq
名城 qkfd	共有 awde	曾在 uldh	定都 pgft
世界 anlw	中国 khlg	四大 lhdd	古都 dgft2
之一 ppgg	故宫 dtpk	天坛 gdff	颐和园 atlf
圆明园 ljlf	北海 uxit	公园 wclf	数不胜数 ogeo
古迹 dgyo	城市 fdym	绚烂 xqou	色彩 qces

二、练习

练习下列地名，注释不打，要求速度每分钟 60 字以上。

栟茶（地名，在江苏省）Bēnchá

蚌埠（地名，在安徽省）Bèngbù

泌阳（地名，在河南省）Bìyáng

秘鲁（国名，在南美洲）Bìlǔ

汴梁（古地名，今指开封，在河南省）Biànliáng

并州（古地名，今山西省太原市）Bīngzhōu

百色（地名，在广西壮族自治区）Bǎisè

柴沟堡（地名，在河北省）Cháigōubǔ

朝鲜（国名，在亚洲）Cháoxiǎn

郴州（地名，在湖南省）Chēnzhōu

大埔（地名，在广东省）Dàbù

砀山（地名，在安徽省）Dàngshān

东阿（地名，在山东省）Dōngē（全拼打法 dong'e）

东莞（地名，在广东省）Dōngguǎn

繁峙（地名，在山西省）Fánshì

涪陵（地名，在重庆市）Fúlíng

高句丽（古代国名、县名）Gāogōulí

海参崴（地名，在俄罗斯）Hǎishēnwǎi

邗江（地名，在江西省）Hánjiāng

洪洞（地名，在山西省）Hóngtóng
黄陂（地名，在湖北省）Huángpí
济南（地名，在山东省）Jǐnán
监利（地名，在湖北省）Jiànlì
莒县（地名，在山东省）Jǔxiàn
阆中（地名，在四川省）Làngzhōng
六合（地名，在江苏省）Lùhé
六安（地名，又山名，都在安徽省）Lù ān
泺口（地名，在山东省）Luòkǒu
渑池（地名，在河南省）Miǎnchí
闽侯（地名，在福建省）Mǐnhòu
牟平（地名，在山东省）Mùpíng
穆棱（地名，在黑龙江省）Mùlíng
番禺（地名，在广东省）Pānyú
犍为（地名，在四川省）Qiánwéi
龟兹（古代西域国名，在新疆库车一带）Qiūcí
任丘（地名，在河北省）Rénqīu
单县（地名，在山东省）Shànxiàn
莘县（地名，在山东省）Shēnxiàn
泷水（地名，今作“双水”，在广东省）Shuāngshuǐ
台州（地名，在浙江省）Tāizhōu
天台山（地名，在浙江省）Tiāntāishān
吴堡（地名，在陕西省）Wúbǔ
荥阳（地名，在河南省）Xíngyáng
溆浦（地名，在江苏省）Xǜpǔ
浒墅关（地名，在江苏省）Xǔshùguān
浒湾（地名，在江西省）Xǔwān
浚县（地名，在河南省）Xùnxiàn
兖州（地名，在山东省）Yǎnzhōu
荥经（地名，在四川省）Yíngjīng
蔚县（地名，在河北省）Yùxiàn
月氏（汉朝西域国名）Yuèzhī

乐清（地名，在浙江省）Yuèqīng
栎阳（地名，在陕西省）Yuèyáng
沌口（地名，在湖北省）Zhuànkǒu
枞阳（地名，在安徽省）Zōngyáng

第十二章

手速练习及常用字练习

本章给出三篇练习手速的文章，三篇轮流练习，直到每篇的速度都能练到每分钟200字左右。达到每分钟200字后，力争能将速度提高至每分钟300字左右。测试准确率为100%。

第一节　手速练习及常用字练习一

一、短文解析

因为我们是为人民服务的，所以我们如果有缺点，就不怕别人批评指出，不管是什么人，谁向我们指出都行，只要你说得对，我们就改正，你说的办法对人民有好处，我们就照你的办……只要我们为人民的利益坚持好的，为人民的利益改正错的，我们这个队伍就一定会兴旺起来。（摘自毛泽东《为人民服务》）

1. 解析

（1）单字：是　为　的　有　就　人　谁　向　都　行　你　说　得　对　照　办　错　会

（2）词汇：因为　我们　人民　服务　所以　如果　缺点　不怕　别人　批评　指出　不管　什么　只要　改正　办法　好处　你的　利益　坚持　好的　这个　队伍　一定　兴旺　起来

2. 标注

（1）单字

是 j	为 o	的 r	有 e	就 yi	人 w
谁 ywyg	向 tm	都 ftjb	行 tf	你 wq	说 yu
得 tj	对 cf	照 jvko	办 lw	错 qaj	会 wf

（2）词汇

因为 ldyl	我们 trwu	人民 wwna	服务 ebtl	所以 rnny	如果 vkjs
缺点 rmhk	不怕 ginr	别人 klww	批评 rxyg	指出 rxbm	不管 gitp
什么 wftc	只要 kwsv	改正 ntgh	办法 lwif	好处 vbth	你的 wqrq
利益 tjuw	坚持 jcrf	好的 vbrq	这个 ypwh	队伍 bwwg	一定 ggpg
兴旺 iwjg	起来 fhgo				

二、练习［259 个常用次高频字（★★★）］

止泽波兰核降训逐票献　钢损宁印融独湖予夫编
换欧努著顾征升态套介　某状留航派室临兵补宝
略综云差纳密贫剧犯阿　击遇烈督丰馆招害官庭
另私针贷网愿托缺园假　酒巨既判输讨测洋括筑
欢庆久陆楼激绝故互签　汉木亩短绍迎吸警藏疗

贵纷授登探索湾宏录申　诉秀序顺卡午桥喜川邓
扬津温库订练退违否彩　棉罪币角召灾妇杨奋绩
虽煤免笔永圳奥鲜朝吴　岛移尼博贯拥束左舞幅
语俄奇简拍脑债固威券　追筹映繁甚右彻烟沿街
血洪植誉刊玉厅救潮迅　伍付倍顿述播励斤乎纸

振障鼓艰吉男绿尚夏亏　季松哈祖典韩遍轮板抗
摄杂皮贡借幕罚伤扶乱　曲脱践危澳童散味累谢
孙邮雄兼微惠偿署择染　徐鱼赞课盛延瑞怀堂

259 个常用次高频字标注：

止 hh	泽 icf	波 ihc	兰 uff	核 synw	降 bt
训 yk	逐 epi	票 sfiu	献 fmud	钢 qmq	损 rkm
宁 ps	印 qgb	融 gkm	独 qtj	湖 ide	予 cbj
夫 fw	编 xyna	换 rq	欧 aqq	努 vcl	著 aft
顾 db	征 tgh	升 tak	态 dyn	套 ddu	介 wj
某 afs	状 udy	留 qyvl	航 tey	派 ire	室 pgc
临 jty	兵 rgw	补 puh	宝 pgy	略 ltk	综 xp
云 fcu2	差 uda	纳 xmw	密 pnt	贫 wvm	剧 ndj
犯 qtb	阿 bs	击 fmk	遇 jm	烈 gqjo	督 hich
丰 dh	馆 qnp	招 rvk	害 pd	官 pn	庭 ytfp
另 kl	私 tcy	针 qf	贷 wam	网 mqq	愿 drin
托 rta	缺 rmn	园 lfq	假 wnh	酒 isgg	巨 and

续表

既 vca	判 udjh	输 lwg	讨 yfy	测 imj	洋 iu
括 rtd	筑 tam	欢 cqw	庆 ydi	久 qy	陆 bfm
楼 sov	激 iry	绝 xqc	故 dty	互 gx	签 twgi
汉 ic	木 ssss	亩 ylf	短 tdg	绍 xvk	迎 qbp
吸 ke	警 aqky	藏 adnt	疗 ubk	贵 khgm	纷 xwv
授 rep	登 wgku	探 rpws	索 fpx	湾 iyo	宏 pdc
录 vi	申 jhk	诉 yr	秀 te	序 ycb	顺 kd
卡 hhu	午 tfj	桥 std	喜 fku	川 kthh	邓 cb
扬 rnr	津 ivfh	温 ijl	库 ylk	订 ys	练 xan
退 vep	违 fnhp	否 gik	彩 ese	棉 srm	罪 ldj
币 tmh	角 qe	召 vkf	灾 po	妇 vv	杨 sn
奋 dlf	绩 xgm	虽 kj	煤 oa	免 qkq	笔 tt
永 yni	圳 fkh	奥 tmo	鲜 qgu	朝 fje	吴 kgd
岛 qynm	移 tqq	尼 nx	博 fge	贯 xfm	拥 reh
束 gki	左 da	舞 rlg	幅 mhg	语 ygk	俄 wtr
奇 dskf	简 tuj	拍 rrg	脑 eyb	债 wgmy	固 ldd
威 dgv	券 udv	追 wnnp	筹 tdtf	映 jmd	繁 txgi
甚 adwn	右 dk	彻 tavn	烟 ol	沿 imk	街 tffh
血 tld	洪 iaw	植 sfhg	誉 iwyf	刊 fjh	玉 gy
厅 ds	救 fiyt	潮 ifj	迅 nfp	伍 wgg	付 wfy
倍 wuk	顿 gbnm	述 syp	播 rtol	励 ddnl	斤 rtt
乎 tuh	纸 xqa	振 rdf	障 buj	鼓 fkuc	艰 cv
吉 fk	男 ll	绿 xv	尚 imkf	夏 dht	亏 fnv
季 tb	松 swc	哈 kwg	祖 pye	典 maw	韩 fjfh
遍 ynm	轮 lwx	板 src	抗 rymn	摄 rbcc	杂 vs
皮 hc	贡 am	借 waj	幕 ajdh	罚 ly	伤 wtl
扶 rfw	乱 tdn	曲 ma	脱 euk	践 khg	危 qdb
澳 itm	童 ujff	散 aet	味 kfi	累 lx	谢 ytm
孙 bi	邮 mb	雄 dcw	兼 uvo	微 tmg	惠 gjh
偿 wi	署 lftj	择 rcf	染 ivs	徐 twt	鱼 qgf
赞 tfqm	课 yjs	盛 dnnl	延 thp	瑞 gmd	怀 ng
堂 ipkf					

第二节　手速练习及常用字练习二

一、短文解析

我们都是来自五湖四海，为了一个共同的革命目标走到一起来了……我们的同志在困难的时候要看到成绩，要看到光明，要提高我们的勇气。中国人民正在受难，我们有责任解救他们，我们要努力奋斗。要奋斗就会有牺牲，死人的事是经常发生的。但是我们想到人民的利益，想到大多数人民的痛苦，我们为人民而死，就是死得其所。不过我们应当尽量地减少那些不必要的牺牲，我们的干部要关心每一个战士，一切革命队伍的人都要互相关心，互相爱护，互相帮助。（摘自毛泽东《为人民服务》）

1. 解析

（1）单字：走　到　在　要　事　地　不　每

（2）词汇

1）二字词

来自　为了　一个　共同　革命　目标　一起　来了　同志　困难　时候　看到
成绩　光明　提高　勇气　正在　受难　责任　解救　他们　努力　奋斗　就会
牺牲　死人　经常　发生　但是　想到　痛苦　而死　就是　不过　应当　尽量
减少　那些　必要　干部　关心　战士　一切　都要　互相　爱护　帮助

2）三字词

大多数

3）四字词

五湖四海　中国人民　死得其所

2. 标注

（1）单字

走 fhu	到 gc	在 d	要 s	事 gk	地 fb	不 i	每 txg

（2）词汇

1）二字词

来自 goth	为了 ylbn	一个 ggwh	共同 awmg	革命 afwg
目标 hhsf	一起 ggfh2	来了 gobn	同志 mgfn	困难 lscw
时候 jfwh	看到 rhgc	成绩 dnxg	光明 iqje	提高 rjym
勇气 cern	正在 ghdh	受难 epcw	责任 gmwt	解救 qefi
他们 wbwu	努力 vclt	奋斗 dluf	就会 yiwf	牺牲 trtr
死人 gqww	经常 xcip	发生 nttg	但是 wjjg	想到 shgc
痛苦 ucad	而死 dmgq	就是 yijg	不过 gifp	应当 yiiv
尽量 nyjg	减少 udit	那些 vfhx	必要 ntsv	干部 fguk
关心 udny	战士 hkfg	一切 ggav	都要 ftsv	互相 gxsh
爱护 epry	帮助 dteg			

2）三字词

大多数 dqov

3）四字词

五湖四海 dili	中国人民 klwn	死得其所 gtar

二、练习［300 个常用次高频字（★★★）］

市出企资制济品设元与　务电金司省商管技目保
委增基美规计达期程厂　及京华调组广投交统安
营项议价世院集持求府　质县育局标联专费效据
施权江格职台式益单亿　优销创证织协批支查精
划需税构具积势举型易　视李参引镇首推消值责

备州供副贸环选亚采王　策谈严斯况德仪料率境
源护列户港则节款案股　较布克医速律族占续影
功负财货约艺售纪按讯　示象养获食抓富模始赛
客闻央坚份限米银校均　周游千失检足配存尔即
防评复考依断范础油段　访额双须层低奖注黄英

承远版维铁乐初药助致　善突容香称购届余素请

宣健牌促培竞巴稳继困　刘旅超随例担号显监材
春居适除红买充陈搞图　察试执球修尽控排粮武
预挥卖审措荣洲卫希店　良属险曾域苏龙念罗吨
器汇康减演普田班待矿　扩言汽靠毛终仍景置福

300 个常用次高频字标注：

市 ymhj	出 bm	企 whf	资 uqwm	制 rmhj	济 iyj
品 kkk	设 ymc	元 fqb	与 gn	务 tl	电 jn
金 qqqq	司 ngk	省 ith	商 um	管 tp	技 rfc
目 hhhh	保 wk	委 tv	增 fu	基 ad	美 ugdu
规 fwm	计 yf	达 dp	期 adwe	程 tkgg	厂 dgt
及 ey	京 yiu	华 wxf	调 ymf	组 xeg	广 yygt
投 rmc	交 uq	统 xyc	安 pv	营 apk	项 adm
议 yyq	价 wwj	世 an	院 bpf	集 wys	持 rf
求 fiy	府 ywf	质 rfm	县 egc	育 yce	局 nnk
标 sfi	联 bu	专 fny	费 xjm	效 uqt	据 rnd
施 ytb	权 sc	江 ia	格 st	职 bk	台 ck
式 aa	益 uwl	单 ujfj	亿 wn	优 wdn	销 qie
创 wbj	证 ygh	织 xkw	协 fl	批 rx	支 fc
查 sj	精 oge	划 aj	需 fdm	税 tuk	构 sq
具 hw	积 tkw	势 rvyl	举 iwf	型 gajf	易 jqr
视 pym	李 sb	参 cd	引 xh	镇 qfhw	首 uth
推 rwyg	消 iie	值 wfhg	责 gmu	备 tlf	州 ytyh
供 waw	副 gkl	贸 qyv	环 ggi	选 tfqp	亚 gog
采 es	王 ggg	策 tgm	谈 yoo	严 god	斯 adwr
况 ukq	德 tfl	仅 wcy	料 ou	率 yx	境 fuj
源 idr	护 ryn	列 gq	户 yne	港 iawn	则 mj
节 ab	款 ffi	案 pvs	股 emc	较 lu	布 dmh
克 dq	医 atd	速 gkip	律 tvfh	族 ytt	占 hk
续 xfn	影 jyie	功 al	负 qm	财 mf	货 wxm
约 xq	艺 anb	售 wyk	纪 xn	按 rpv	讯 ynf
示 fi	象 qje	养 udyj	获 aqt	食 wyv	抓 rrhy
富 pgk	模 saj	始 vck	赛 pfjm	客 pt	闻 ub

续表

央 md	坚 jcf	份 wwv	限 bv	米 oy	银 qve
校 suq	均 fqu	周 mfk	游 iytb	千 tfk	失 rw
检 sw	足 khu	配 sgn	存 dhb	尔 qiu	即 vcb
防 by	评 ygu	复 tjt	考 ftg	依 wye	断 on
范 aib	础 dbm	油 img	段 wdm	访 yyn	额 ptkm
双 cc	须 ed	层 nfc	低 wqa	奖 uqd	注 iy
黄 amw	英 amw	承 bd	版 thgc	维 xwy	铁 qr
乐 qi	初 puv	药 ax	助 egl	致 gcft	善 uduk
突 pwd	容 pww	香 tjf	称 tq	购 mqc	届 nm
余 wtu	素 gxi	请 yge	宣 pgj	健 wvf	牌 thgf
促 wkh	培 fuk	竞 ukqb2	巴 cnh	稳 tqv	继 xo
困 ls	刘 yj	旅 ytey	超 fhv	随 bde	例 wgq
担 rjg	号 kgn	显 jo	监 jtyl	材 sft	春 dw
居 nd	适 tdp	除 bwt	红 xa	买 nudu	充 yc
陈 ba	搞 rym	图 ltu	察 pwfi	试 yaa	执 rvy
球 gfi	修 wht	尽 nyu	控 rpw	排 rdj	粮 oyv
武 gah	预 cbd	挥 rpl	卖 fnud	审 pj	措 raj
荣 aps	洲 iyt	卫 bg	希 qdm	店 yhk	良 yv
属 ntk	险 bwg	曾 ul	域 fakg	苏 alw	龙 dx
念 wynn	罗 lq	吨 kgb	器 kkd	汇 ian	康 yvi
减 udg	演 ipg	普 uo	田 lll	班 gyt	待 tffy
矿 dyt	扩 ry	言 yyy	汽 irn	靠 tfkd	毛 tfn
终 xtu	仍 we	景 jy	置 lfhf	福 pyg	远 fqp

第三节　手速练习及常用字练习三

一、短文解析

白求恩同志毫不利己专门利人的精神，表现在他对工作极端的负责任，对同志对人民的极端的热忱，每个共产党员都要学习他。不少的人对工作不负责任，拈轻怕重，把重担子推给人家，自己挑轻的，一事当前，先替自己打算，然后再替别人打算。出了一点力就觉得了不起，喜欢自吹，生怕人家不知道。对同志对人民不是满腔热忱，而是冷冷清清，漠不关心，麻木不仁。这种人其实不是共产党员，至少不能算一个纯粹的共产党员……我们大家要学习他毫无自私自利之心的精神。从这点出发，就可以变为大有利于人民的人。一个人能力有大小，但只要有这点精神，就是一个高尚的人，一个纯粹的人，一个有道德的人，一个脱离了低级趣味的人，一个有益于人民的人。（摘自毛泽东《张思德》）

1．解析

（1）单字：白 求 恩 利 他 任 把 子 挑 轻 一 先 替 再 力 算 从 这 点 但 了 益 于

（2）词汇

1）二字词

毫不 利已 专门 精神 表现 工作 极端 负责 热忱 每个 学习 不少 不负 重担 推给 人家 自已 当前 打算 然后 出了 一点 觉得 喜欢 自吹 生怕 知道 满腔 而是 这种 其实 还是 至少 不能 纯粹 大家 毫无 出发 可以 变为 大有 利于 能力 大小 高尚 道德 脱离 低级 趣味

2）三字词

了不起

3）四字词

共产党员 拈轻怕重 冷冷清清 漠不关心 麻木不仁 自私自利

2．标注

（1）单字

白 rrr	求 fiy	恩 ldn	利 tjh	他 wb	任 wtf
把 rcn	子 bb	挑 riq	轻 lc	一 g	先 tfq
替 fwf	再 gmf	力 lt	算 tha	从 ww	这 p
点 hko	但 wjg	了 b	益 uwl	于 gf	

（2）词汇

1）二字词

毫不 ypgi	利已 tjnn	专门 fnuy	精神 ogpy	表现 gegm	工作 aawt
极端 seum	负责 qmgm	热忱 rvnp	每个 txwh	学习 ipnu	不少 giit
不负 giqm	重担 tgrj	推给 rwxw	人家 wwpe	自已 thnn	当前 ivue
打算 rsth	然后 qdrg	出了 bmbn	一点 gghk	觉得 iptj	喜欢 fkcq
自吹 thkq	生怕 tgnr	知道 tdut	满腔 iaep	而是 dmjg	这种 yptk

续表

其实 adpu	还是 gijg	至少 gcit	不能 gice	纯粹 xgoy	大家 ddpe
毫无 ypfq	出发 bmnt	可以 skny	变为 yoyl	大有 ddde	利于 tjgf
能力 celt	大小 ddih	高尚 ymim	道德 uttf2	脱离 euyb	低级 wqxe
趣味 fhkf					

2）三字词

了不起 bgfh

3）四字词

共产党员 auik	拈轻怕重 rlnt	冷冷清清 uuii	漠不关心 igun
麻木不仁 ysgw	自私自利 tttt2		

二、练习［300 个常用字（★★★）］

孔毫轴齿刀敌液床端贺　磨彪麦削侯肥径螺页坏
帝含苗射酸剂尺粉枝菌　杆岩砂封析稻宋唯滑倒
卷雨骨毒圈叫跟裂粒母　塞顶误阻寸盾丝焊株冷
弹错灭零厘泵喷壤柱盘　磁似巩奴侧润盖距触混
架宽冬湿偏纹阀寨熟夺　硬翻甲背侵灰矛厚泥辟

卵箱掌氧恩溶纲孟缩械　载胞幼哪剥迫旋槽握呀
吧粗钻弱脚怕盐末阴蜂　露缘操辉异隶缸夹沟乙
吗儒杀磷晶插埃燃咱芽　瓦倾阵碳附牙斜灌猪腐
透脉宜笑若尾壮暴穗楚　愈拖牛秋锻尖殖井吹铜
替滚旱悟刺敢隙炉壳硫　铸粘薄旬纵礼伏残雷句

纯渐耕跑慢栽鲁赤横掉　锥池败亮谓伙哲割摆呈
劲仪沉炼麻穿齐鼠抽饲　守寒哥洗蚀废腹镜恶脂
庄擦钟摇柄辩竹谷虚伯　赶垂途壁截野遗静谋弄
挂妄耐援扎虑键归符聚　绕摩忙胶羊钉仁迹碎伸
灯避泛亡勇频皇柳揭甘　诺概宪浓袭炮浇斑懂灵

300 个常用字标注：

孔 bnn	亳 ypt	轴 lm	齿 hwb	刀 vn	敌 tdt
液 iyw	床 ysi	端 umd	贺 lkm	磨 yssd	彪 hame
麦 gtu	削 iej	侯 wnt	肥 ec	径 tca	螺 jlx
页 dmu	坏 fgi	帝 up	含 wynk	苗 alf	射 tmdf
酸 sgc	剂 yjjh	尺 nyi	粉 ow	枝 sfc	菌 alt
杆 sfh	岩 mdf	砂 di	封 fffy	析 sr	稻 tev
宋 psu	唯 kwyg	滑 ime	倒 wgc	卷 udbb	雨 fghy
骨 me	毒 gxgu	圈 lud	叫 kn	跟 khv	裂 gqje
粒 oug	母 xgu	塞 pfjf	顶 sdm	误 ykg	阻 begg
寸 fghy2	盾 rfh	丝 xxg	焊 ojf	株 sri	冷 uwyc
弹 xuj	错 qaj	灭 goi	零 fwyc	厘 djfd	泵 diu
喷 kfa	壤 fyk	柱 syg	盘 tel	磁 du	似 wny
巩 amy	奴 vcy	侧 wmj	润 iugg	盖 ugl	距 kha
触 qejy	混 ijx	架 lks	宽 pa	冬 tuu	湿 ijo
偏 wyna	纹 xyy	阀 uwa	寨 pfjs	熟 ybv	夺 df
硬 dgj	翻 toln	甲 lhnh	背 uxe	侵 wvp	灰 do
矛 cbt	厚 djb	泥 inx	辟 nku	卵 qyt	箱 tsh
掌 ipkr	氧 rnu	恩 ldn	溶 ipwk	纲 xm	孟 blf
缩 xpw	械 sa	载 fa	胞 eqn	幼 xln	哪 kv
剥 vijh	迫 rpd	旋 ytn	槽 sgmj	握 rng	呀 ka
吧 kc	粗 oe	钻 qhk	弱 xu	脚 efcb	怕 nr
盐 fhl	末 gs	阴 be	蜂 jtd	露 fkhk	缘 xxe
操 rkk	辉 iqpl	异 naj	隶 vii	缸 rma	夹 guw
沟 iqc	乙 nnl	吗 kcg	儒 wfd	杀 qsu	磷 doq
晶 jjj	插 rtf	埃 fct	燃 oqdo	咱 kth	芽 aah
瓦 gny	倾 wxd	阵 bl	碳 dmd	附 bwf	牙 ah
斜 wtuf	灌 iak	猪 qtfj	腐 ywfw	透 tep	脉 eyni
宜 peg	笑 ttd	若 adk	尾 ntf	壮 ufg	暴 jaw
穗 tgjn	楚 ssn	愈 wgen	拖 rtb	牛 rhk	秋 to
锻 qwd	尖 id	殖 gqf	井 fjk	吹 kqw	铜 qmgk
替 fwf	滚 iuc	旱 jfj	悟 ngkg	刺 gmi	敢 nb
隙 bij	炉 oyn	壳 fpm	硫 dyc	铸 qdt	粘 oh
薄 aig	旬 qj	纵 xww	礼 pynn	伏 wdy	残 gqg

续表

雷 flf	句 qkd	纯 xgb	渐 il	耕 dif	跑 khq
慢 nj	裁 fas	鲁 qgj	赤 fo	横 sam	掉 rhj
锥 qwy	池 ib	败 mty	亮 ypm	谓 yle	伙 wo
哲 rrk	割 pdhj	摆 rlf	呈 kg	劲 cal	仪 wyq
沉 ipm	炼 oanw	麻 yss	穿 pwat	齐 yjj	鼠 vnu
抽 rm	饲 qnnk	守 pf	寒 pfj	哥 sks	洗 itf
蚀 qnj	废 ynty	腹 etj	镜 quj	恶 gogn	脂 ex
庄 yfd	擦 rpwi	钟 qkhh	摇 rer	柄 sgm	辩 uyu
竹 ttg	谷 wwk	虚 hao	伯 wr	赶 fhfk	垂 tga
途 wtp	壁 nkuf	截 faw	野 jfc	遗 khgp	静 geq
谋 yaf	弄 gaj	挂 rffg	妄 ynvf	耐 dmjf	援 ref
扎 rnn	虑 han	键 qvfp	归 jv	符 twf	聚 bct
绕 xat	摩 yssr	忙 nynn	胶 eu	羊 udj	钉 qs
仁 wfg	迹 yop	碎 dyw	伸 wjh	灯 os	避 nk
泛 itp	亡 ynv	勇 cel	频 hid	皇 rgf	柳 sqt
揭 rjq	甘 afd	诺 yad	概 svc	宪 ptf	浓 ipe
袭 dxy	炮 oq	浇 iat	斑 gyg	懂 nat	灵 vo

第十三章

姓名及单字练习

第一节　姓名及单字练习一

一、姓名练习

于均波　马文普　马宗林　王小珂
王天佑　王云峰　王文京　王为政
王　伟　王安顺　王蓉蓉　田　雄
冯乐平　冯　坤　吉　林　朱继民

刘长瑜　刘忠军　刘　淇　新　成
闫傲霜　关阔山　池　强　许智宏
孙安民　牟新生　纪宝成

杜德印　李志坚　李昭玲　李福成
杨德安　肖建国　吴碧霞　邱苏伦
宋鱼水　宋贵伦　张　工　林毅夫
谢维和　罗金保　图　娅　金生官

赵久合　赵凤山　柳传志　索连生
贾庆林　高丽朴　金　龙　黄燕明
梅宁华

慕　平　漆小瑾　魏　刚　于汝民
于　沛　马　杰　王爱俭　雁　俊
方　明　邓中翰　包景岭　冯淑萍
邢克智　朱天慧　朱丽萍　刘凯欣

刘胜玉　刘晓健　闫希军　孙海麟
李凤芹　全　喜　李树文　杨福刚
何志敏　何树山　沈家聪　张凤宝
欧阳泽华

张有会　张丽萍　张伯礼　张俊滨
张晓燕　张高丽　张继禹　张肇毅
荀利军　房凤友　赵　玫　饶子和
郭庆平　黄兴国　曹大正　龚　克

程津培　靳润成　霍　兵　穆祥友
丁万明　丁立国　丁　然　丁　强
于　群　么志义　王义芳　王　凤

王凤英　王志刚　王秀珍　王社平
王学红　王学求　王宝山　王恒勤
王振华　王爱民　王　超　王惠文
王德进　戈建华　方建平　尹广军

田志平　史书娥　付志方　白克明
丛　斌　毕建国　朱正举　朱守琛
朱浩文　刘大群

刘延东　刘如军　刘志新　刘明忠

刘学库　刘振华　齐续春　关　敏

祁万利　许荷英　孙纪木　苏士峰
李宝元　李春生　李祖沛　李振江
李赶坡　李晓恩　杨士武　杨　中

杨秀华　杨建忠　杨雪岗　何晓卫
余振贵　邹晓珊　辛书华

辛宝山　汪秀丽　汪　康　沈小平
宋福如　张云川　古　江　张志刚
张学庆　张建恒　张俊玲　陈百成
陈国鹰　陈联群　邵喜珍　尚金锁

周铁农　郑雪碧　房　辉　赵林明
赵国岭　赵治海　赵宝勤　柳宝全
柳宝诚　段铁力　信春鹰

侯二河　姜德果　贺国英　袁妙枝
袁淑梅　耿建明　贾体新　贾春梅
钱宗飞　高宏志　郭成志　郭庚茂
郭淑芹　黄建华　黄　荣　萧玉田

曹宝华　常玉珍　阎胜科　彭雪峰
韩玉臣　韩青梅　韩荣华　靳灵展
靳保芳　詹福瑞

蔡东晨　蔡德宽　廖　波　潘秀芬
薛继连　冀纯堂　魏志民　马小平
马巧珍　马林凤　马　凯　丰立祥
王　宁　王茂设　王跃胜　王淑珍

左世忠　石泰峰　叶景亮　申纪兰
申联彬　申瑞涛　田喜荣　白　云
景　富　刘蓉华　许月刚

纪馨芳　杜玉林　杜善学　李　力
李武章　李青山　李晓波　李悦娥
李章宏　杨安和　杨庚宇　杨梅喜
吴永平　沈建军　张少琴　张兵生

张宝顺　张钟宁　张复明　张根虎
张家胜　张崇慧　张　璞　陈国荣
武　汛　郑建国

二、练习［249 个常用字（★★★）］

蛋闭释乳徒伊坦匀霉杜　勒隔弯胡痛峰柴簧跳丁
秦稍梁折耗碱殊岗挖氏　刃堆赫荷胸衡勤膜篇驻
秧缓凸役剪雪链渔啦脸　洛孢勃盟宗焦旗滤硅炭
坐蒸凝竟陷枪黎冒暗洞　筒您弧爆谬涂臂褐啊尊
豆拔莫抵桑坡缝挑污冰　柬嘴啥塑寄赵喊垫遵牧

遭腔肉弟屋敏恢忘衣龄　岭骗休丹渡耳刨虎稀昆
浪萨茶滴浅穴覆伦娘浸　袖珠雌妈紫戏塔锤震貌
洁剖牢锋疑霸闪埔猛刷　狠忽闹乔唐漏沈熔氯荒
茎凡抢浆旁玻亦忠唱蒙　捕锁尤乘乌智淡允叛畜
俘摸锈扫毕璃芯爷鉴秘　净蒋钙肩腾枯抛轨拌爸

循诱祝肯绳穷塘燥泡袋　朗喂铝软渠颗惯粪墙趋
彼墨碍启逆卸雾冠丙莱　贝辐肠渗惊挤秒悬姆烂
森糖圣凹陶词迟蚕矩

249 个常用字标注：

蛋 nhj	闭 uft	释 toc	乳 ebn	徒 tfhy	伊 wvt
坦 fjg	匀 qu	霉 ftxu	杜 sfg	勒 afl	隔 bgk
弯 yox	胡 de	痛 uce	峰 mtd	柴 hxs	簧 tamw
跳 khi	丁 sgh	秦 dwt	稍 tie	梁 ivw	折 rr
耗 ditn	碱 ddg	殊 gqr	岗 mmq	挖 rpwn	氏 qa
刃 vyi	堆 fwy	赫 fof	荷 awsk	胸 eq	衡 tqdh
勤 akgl	膜 eajd	篇 tyna	驻 cy	秧 tmdy	缓 xef
凸 hgm	役 tmc	剪 uejv	雪 fv	链 qlp	渔 iqgg
啦 kru	脸 ew	洛 itk	孢 bqn	勃 fpb	盟 jel
宗 pfi	焦 wyo	旗 yta	滤 iha	硅 dff	炭 mdo
坐 wwf	蒸 abi	凝 uxt	竟 ujq	陷 bqv	枪 swb
黎 tqt	冒 jhf	暗 ju	洞 imgk	筒 tmgk	您 wqin
弧 xrc	爆 oja	谬 ynwe2	涂 iwt	臂 nkue	褐 pujn
啊 kb	尊 usg	豆 gku	拔 rdc	莫 ajd	抵 rqa
桑 cccs	坡 fhc	缝 xtdp	挑 riq	污 ifn	冰 ui
柬 gli	嘴 khx	啥 kwfk	塑 ubtf	寄 pds	赵 fhq
喊 kdgt	垫 rvyf	遵 usgp	牧 trt	遭 gmap	腔 epw
肉 mww	弟 uxh	屋 ngc	敏 txgt	恢 ndo	忘 ynnu
衣 ye	龄 hwbc	岭 mwyc	骗 cyna	休 ws	丹 myd
渡 iya	耳 bgh	刨 qnjh	虎 ha	稀 tqd	昆 jx
浪 iyv	萨 abu	茶 aws	滴 ium	浅 igt	穴 pwu
覆 stt	伦 wwx	娘 vyv	浸 ivp	袖 pum	珠 gr

续表

雌 hxw	妈 vc	紫 hxx	戏 ca	塔 fawk	锤 qtgf
震 fdf	貌 eerq	洁 ifk	剖 ukj	牢 prh	锋 qtd
疑 xtdh	霸 faf	闪 uw	埔 fgey	猛 qtbl	刷 nmh
狠 qtv	忽 qrn	闹 uym	乔 tdj	唐 yvh	漏 infy
沈 ipq	熔 opw	氯 rnv	荒 aynq	茎 aca	凡 my
抢 rwb	浆 uqi	旁 upy	玻 ghc	亦 you	忠 khn
唱 kjj	蒙 apg	捕 rge	锁 qim	尤 dnv2	乘 tux
乌 qng	智 tdkj	淡 io	允 cq	叛 udrc	畜 yxl
俘 web	摸 rajd	锈 qten	扫 rv	毕 xxf	璃 gyb
芯 anu	爷 wqb	鉴 jtyq	秘 tn	净 uqv	蒋 auq
钙 qgh	肩 yned	腾 eud	枯 sd	抛 rvl	轨 lv
拌 rufh	爸 wqc	循 trfh	诱 yte	祝 pyk	肯 he
绳 xkjn	穷 pwl	塘 fyv	燥 okk	泡 iqn	袋 waye
朗 yvc	喂 klg	铝 qkk	软 lqw	渠 ians	颗 jsd
惯 nxf	粪 oawu	墙 ffuk	趋 fhqv	彼 thc	墨 lfof
碍 djg	启 ynk	逆 ubt	卸 rhb	雾 ftl	冠 pfqf
丙 gmw	莱 ago	贝 mhny	辐 lgk	肠 enr	渗 icd
惊 nyiy	挤 ryj	秒 ti	悬 egcn	姆 vx	烂 ouf
森 sss	糖 oyvk	圣 cff	凹 mmgd	陶 bqr	词 yngk
迟 nyp	蚕 gdj	矩 tda			

第二节　姓名及单字练习二

一、姓名练习

郎　胜　孟学农　赵立欣　赵华山　　梁　衡　董洪运　董常生　韩长安
胡卫平　胡苏平　柯汉民　柳树林　　韩雅琴　谢　红　谢克昌　丁瑞莲
袁玉珠　耿怀英　栗俊平　夏振贵　　中　和　王凤朝　王玉明
高卫东　郭凤莲　郭双威　郭新志

王秀芝　王林祥　王素毅　王润刚　　云秀梅　云治厚　乌云其木格

乌日图　乌兰巴特尔　白向群
吕秋娥　任亚平　色音图　刘三堂
刘凤书　汤爱军　杜　梓　李万忠

肖黎声　吴金亮　张凤霞　林奋强
呼尔查　罗志虎　孟玉珍　赵永起
郝益东　荣天厚　哈斯巴根
侯清民　娄伯君　贾建慧　顾双燕

雷·额尔德尼　缪文民　于　洪
王万宾　王天然　王占柱　王用生
王守彬　王怀远　王宝军　王春成
王俊莲　王　亮　王祖温　王振华

曲宝学　刘芝旭　刘　华　刘兴强
刘志强　刘国强　刘忠田　刘　强
闫　丰　汤小泉　孙兆林　孙寿宽
孙　宏　孙　度　孙淑君　李东齐

谷文涛　谷春立　沈丽荣　怀忠民
张凤山　张文成　张文岳　张玉坤
张占宇　张行湘　张兴凯　张素荣

武秀君　欧进萍　金竹花　金连武
郑继宇　孟凌斌　赵长义　赵长愉
赵化明　赵喜忠　闻世震　姜作勇
贺　旻　耿承辉　贾年吉　贾常生

赫冀成　裴宏斌　谭文华　滕卫平
潘利国　燕福龙　戴玉忠　于振发
王云坤　王化文　王玉芝　王　刚

李凤斌　李文阁　李其其格
李秉和　李荣禧　杨飞云　杨　晶

徐睿霞　郭丽虹　郭宏林　郭　健
陶　建　崔　臣　梁铁城　屠海令
朝　克　朝鲁孟　傅铁钢　储　波

王桂荣　王唯众　王　琼　毛丰美
巴福荣　艾洪德　石　英　田福泉
包瑞玲　冯大中　冯　虹　江　瑞

李　军　李进巅　李克强　李英杰
李明克　李晓东　杨　敏　邴志刚
肖　声　肖作福　何著胜　何　晶

张桂平　张晓刚　张铁汉　张铁民
张竞强　张锡林　陈必成　陈政高
陈铁新　陈淑珍　陈惠仁　陈温福

夏德仁　徐　强　高良宾　高宝玉
郭　雷　唐志国　盛松成　梁　冰
韩召善　韩有波

王兆华　王江滨　王　珉　王洪军
车秀兰　石国祥　卢志民　史宁中
丛连彪　刘春梅　刘勇兵　刘喜杰

关德伟　米凤君　江连海

安凤成　孙国伟　孙鸿志　孙鹤娟
杜　婕　李龙熙　李秀林　李彦群
李福升　杨　扬　杨亚杰　吴　跃
别胜学　宋尚龙　宋治平　张文显

岳德荣　金柄珉　金硕仁　周其凤
周春莲　周振海　赵秉哲　郝富霞
柏广新　咸顺女　侯启军　洪　虎
祝业精　徐远征　徐建一　郭国庆

张安顺　张金锁　张柏林　张炳功
张晓霈　张羡崇　陈明乐　陈晓光
武　寅　竺延风　呼和少布

唐志萍　唐宪强　龚　玲　崔今顺
崔　杰　韩长赋　马桂芹　马淑洁
王东华　王兆力　王佐书

二、练习［300 个常用字（★★★）］

父寻丽朋窗姐梦朱禁诗　晓君怪姓幸隐佛欲梅睡
宫醒兄姑恐玩迷攻睛抱　妻喝趣默诸忍桌舍乃敬
杯剑佳芳雅逃奔巧圆诚　泪闲仿戴婚奶烦杰妹叹
享偷蓝弃辈颜眉烧辞伴　怒拜悲柔丈孤番罢犹珍
抬陪妙昨哭泰贴赏凭仙　宇尝递燕拒郎忧丢惜婆

辛忆舒凤胆旦俗疾瞧帐　糊皆碰码奉狂仲餐厉腿
佩鬼欣跃撞荡郑赖鸟皙　祥浮刑辆狗扑魂臣琴悉
络豪呆悄剩返宾吐腰详　饮涉逼叔唤鸡邻怨骑漫
俊恨凌询晨铺宿泉绪匹　尘魔仰董描盗劝莲搭挺
踪幽恰慧邦颇醉掩丧鼻　肃裁俱匆瓶拾凉涌潜隆

奈扰傅锦偶惑飘屈鸣毁　慰饰汤寿跨拳廷卢吓寂
亭曼吕郭奏阁汗箭埋拨　屏猜患搜贤迁欺鞋抚骂
乏拼阔搬遥牵驾踏添扣　艾凶殿昏肚驱孝棋咬疏
邀仔巡嘉册仇串宅扭嫁　苍戒贾崇翠岳虫椅暖曹
慕捉涛纠邪译朵浩翼吟　闷昌羽吾柏哀惨怜傲扇

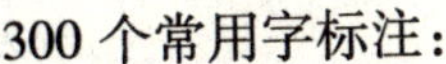

300 个常用字标注：

父 wqu	寻 vf	丽 gmy	朋 ee	窗 pwt	姐 veg
梦 ssq	朱 ri	禁 ssf	诗 yff	晓 jat	君 vtkd
怪 nc	姓 vtg	幸 fuf	隐 bq	佛 wxj	欲 wwkw
梅 stx	睡 ht	宫 pk	醒 sgj	兄 kqb	姑 vd
恐 amyn	玩 gfq	迷 op	攻 aty	睛 hg	抱 rqn
妻 gv	喝 kjq	趣 fhb	默 lfod	诸 yft	忍 vynu
桌 hjs	舍 wfk	乃 etn	敬 aqk	杯 sgi	剑 wgi
佳 wffg	芳 ay	雅 ahty	逃 iqp	奔 dfa	巧 agnn
圆 lkmi	诚 ydn	泪 ihg	闲 usi	仿 wyn	戴 falw
婚 vq	奶 ve	烦 odm	杰 so	妹 vfi	叹 kcy
享 ybf	偷 wwgj	蓝 ajt	弃 yca	辈 djdl	颜 utem
眉 nhd	烧 oat	辞 tduh	伴 wuf	怒 vcn	拜 rdfh
悲 djdn	柔 cbts	丈 dyi	孤 br	番 tol	罢 lfc
犹 qtdn	珍 gwe	抬 rck	陪 buk	妙 vit	昨 jt
哭 kkdu	泰 dwiu	贴 mhkg	赏 ipkm	凭 wtfm	仙 wm
宇 pgf	尝 ipf	递 uxhp	燕 au	拒 ran	郎 yvcb
忧 ndn	丢 tfc	惜 najg	婆 ihcv	辛 uygh	忆 nn
舒 wfkb	凤 mc	胆 ejg	旦 jgf	俗 wwwk	疾 utd
瞧 hwy	帐 mht	糊 ode	皆 xxr	碰 duo	码 dcg
奉 dwf	狂 qtg	仲 wkhh	餐 hq	厉 ddn	腿 eve
佩 wmg	鬼 rqc	欣 rqw	跃 khtd	撞 ruj	荡 ain
郑 udb	赖 gkim	乌 qyng	暂 lrj	祥 pyu	浮 ieb
刑 gajh	辆 lgm	狗 qtq	扑 rhy	魂 fcr	臣 ahn
琴 ggw	悉 ton	络 xtk	豪 ypeu	呆 ks	悄 wie
剩 tuxj	返 rcp	宾 pr	吐 kfg	腰 esv	详 yud
饮 qnq	涉 ihi	逼 gklp	叔 hic	唤 kqm	鸡 cqy
邻 wycb	怨 qbn	骑 cds	漫 ijlc	俊 wcw	恨 nv
凌 ufw	询 yqj	晨 jd	铺 qge	宿 pwdj	泉 riu
绪 xft	匹 aqv	尘 iff	魔 yssc	仰 wqbh	董 atg
描 ral	盗 uqwl	劝 cl	莲 alp	搭 rawk	挺 rtfp
踪 khp	幽 xxm	恰 nwgk	慧 dhd	邦 dtb	颇 hcd
醉 sgy	掩 rdjn	丧 fue	鼻 thl	肃 vij	裁 fay
俱 whw	匆 qry	瓶 uag	拾 rwgk	凉 uyiy	涌 ice

续表

潜 ifw	隆 btg	奈 dfi	扰 rdn	傅 wge	锦 qrm
偶 wjm	惑 akgn	飘 sfiq	屈 nbm	鸣 kqy	毁 va
慰 nfi	饰 qnth	汤 inr	寿 dtf	跨 khd	拳 udr
廷 tfpd	卢 hn	吓 kgh	寂 ph	亭 yps	曼 jlc
吕 kk	郭 ybb	奏 dwg	阁 utk	汗 ifh	箭 tue
埋 fjf	拨 rnt	屏 nua	猜 qtge	患 kkhn	搜 rvh
贤 jcm	迁 tfp	欺 adww	鞋 afff	抚 rfq	骂 kkc
乏 tpi	拼 rua	阔 uit	搬 rte	遥 er	牵 dpr
驾 lkc	踏 khij	添 igd	扣 rkg	艾 aqu	凶 qb
殿 naw	昏 qajf	肚 efg	驱 caq	孝 ftb	棋 sad
咬 kuq	疏 nhy	邀 rytp	仔 wbg	巡 vp	嘉 fkuk2
册 mm	仇 wvn	串 kkh	宅 pta	扭 rnf	嫁 vpe
苍 awb	戒 aak	贾 smu	崇 mpf	翠 nywf	岳 rgm
虫 jhny	椅 sds	暖 jef	曹 gma	慕 ajdn	捉 rkh
涛 idt	纠 xnh	邪 ahtb	译 ycf	朵 ms	浩 itfk
翼 nla	吟 kwyn	闷 uni	昌 jjf	羽 nny	吾 gkf
柏 srg	哀 yeu	惨 ncd	怜 nwyc	傲 wgqt	扇 ynnd

第三节　单字练习三

练习［282 个常用字（★★★）］

聪聊纤吞估堪陵漂盈欠　览姿霞艳岂尸阅幻庞抖
疯御爬籍敲愁愤魏冯悦　栏柜饱迈卿俩躲坛勾伪
汪韦曰庙租媒嫌窝葛旨　忌呵恋娜跌捷桃赴仆昂
夕甜昭厌摘耶唇劫姜稿　蒂辨丑桂梯瓜瘦惟慌赌
丛挡盒逢牲撑拟扮卓漠　凯羞廉炸熊弥萧宴帽痴

恼寺辑仓贪赢疼痕慈悔　般赋伐蛇堡撤慎妨玄扯
耀祸逸穆戈抑挣舟叙迪　卧碗鸿芝浑拦缠铃拆恒
爹卜嘛碧脏猫悠霍霜谨　轰轿茫躺翁撒鹰畅崔抹

晴娇吻绘披吊狱芬敦劣　溪惧辱昔辰填晋雕郁赐
冤狼菲勉叉跪矣滋兆颈　衫捧贼睁闯骤毅笼丘妥

衰锐歇凑韵墓巾遂恭炎　贞誓催胁档甫玲虹棒驰
叠傻鞭鹏押翔址廊胖盼　疲驶舌泄戚湘臭仗晃蝶
蓬谦饿衷萍涨葬吵潘遮　拓猎储渴逝彭惹袁颤脆
娃瞬肤嫂洒侍履挨淑厨　兽薛旺钦鹤婉喘窃愧铭
裕帅

282 个常用字标注：

聪 bukn	聊 bqt	纤 xtf	吞 gdk	估 wd	堪 fad
陵 bfw	漂 isf	盈 ecl	欠 qw	览 jtyq2	姿 uqwv
霞 fnhc	艳 dhq	岂 mn	尸 nngt	阅 uuk	幻 xnn
庞 ydx	抖 rufh2	疯 umq	御 trh	爬 rhyc	籍 tdij
敲 ymkc	愁 tonu	愤 nfa	魏 tvr	冯 uc	悦 nuk
栏 suf	柜 san	饱 qnqn	迈 dnp	卿 qtvb	俩 wgm
躲 tmds	坛 ffc	勾 qci	伪 wyl	汪 ig	韦 fnh
曰 jhng	庙 ymd	租 teg	媒 vaf	嫌 vu	窝 pwkw
葛 ajq	旨 xj	忌 nnu	呵 ksk	恋 yon	娜 vvf
跌 khr	捷 rgv	桃 siq	赴 fhh	仆 why	昂 jqb
夕 qtny	甜 tdaf	昭 jvk	厌 ddi	摘 rum	耶 bbh
唇 dfek	劫 fcln	姜 ugv	稿 tym	蒂 aup	辨 uyt
丑 nfd	桂 sff	梯 sux	瓜 rcy	瘦 uvh	惟 nwy
慌 nay	赌 mftj	丛 wwg	挡 riv	盒 wgkl	逢 tdh
牲 trtg	撑 rip	拟 rny	扮 rwv	卓 hjj	漠 iaj
凯 mnm	羞 udn	廉 yuvo	炸 oth	熊 cexo	弥 xqi
萧 avi	宴 pjv	帽 mhj	痴 utdk	恼 nyb	寺 ff
辑 lkb	仓 wbb	贪 wynm	赢 ynky	疼 utu	痕 uve
慈 uxxn	悔 ntx	股 rvn	赋 mga	伐 wat	蛇 jpx
堡 wksf	撤 ryc	慎 nfh	妨 vy	玄 yxu	扯 rhg
耀 iqny	祸 pykw	逸 qkqp	穆 tri	戈 agnt	抑 rqb
挣 rqvh	舟 tei	叙 wtc	迪 mp	卧 ahnh	碗 dpq
鸿 iaqg	芝 ap	浑 ipl	拦 ruf	缠 xyj	铃 qwyc
拆 rry	恒 ngj	爹 wqqq	卜 hhy	嘛 ky	碧 grd

续表

脏 eyf	猫 qtal	悠 whtn	霍 fwyf	霜 fs	谨 yak
袭 lcc	轿 ltd	茫 aiy	躺 tmdk	翁 wcn	撒 rae
鹰 ywwg	畅 jhnr	崔 mwy	抹 rgs	晴 jge	娇 vtdj
吻 kqr	绘 xwf	披 rhc	吊 kmh	狱 qtyd	芬 awv
敦 ybt	劣 itl	溪 iex	惧 nhw	辱 dfef	昔 ajf
辰 dfe	填 ffh	晋 gogj	雕 mfky	郁 deb	赐 mjq
冤 pqk	狼 qty	菲 adj	勉 qkql	叉 cyi	跪 khqb
矣 ct	滋 iux	兆 iqv	颈 cad	衫 pue	捧 rdw
贼 madt	睁 hqv	闯 ucd	骤 cbc	毅 uem	笼 tdx
丘 rgd	妥 ev	衰 ykge	锐 quk	歇 jqw	凑 udw
韵 ujqu	墓 ajdf	巾 mhk	遂 uep	恭 awnu2	炎 oo
贞 hm	誓 rryf	催 wmw	胁 elw	档 si	甫 geh
玲 gwy	虹 ja	棒 rdw	驰 cbn	叠 cccg	傻 wtlt
鞭 afw	鹏 eeq	押 rl	翔 udng2	址 fhg	廊 yyv
胖 euf	盼 hwv	疲 uhc	驶 ckq	舌 tdd	泄 iann
戚 dhi	湘 ishg	臭 thdu	仗 wdyy	晃 ji	蝶 jan
蓬 atdp	谦 yuv	饿 qnt	衷 ykhe	萍 aigh	涨 ix
葬 agq	吵 ki	潘 igol	遮 yaop	拓 rd	猎 qta
储 wyf	渴 ijq	逝 rrp	彭 fkue	惹 adkn	衰 fue
颤 ylkm	脆 eqd	娃 vff	瞬 hep	肤 efw	嫂 vvh
洒 is	侍 wff	履 ntt	挨 rct	淑 ihic	厨 dgkf
兽 ulg	薛 awnu	旺 jgg	钦 qqw	鹤 pwy	婉 vpq
喘 kmd	窃 pwav	愧 nrq	铭 qqk	裕 puw	帅 jmh

第四节　单字练习四

练习［250 个常用字（★★★）］

乞勺丸弓犬屯冈爪勿扒　扔轧叮叼叨禾斥甩饥汁
辽孕扛圾芒朽朴匠夸屿　帆乒乓伞肌讽奸抄坝坟
坑坊芹芦杠杏歼盯旷吩　呜吼秃伶佣皂岔肝龟删
冻冶灶灿沃诊尿妖纱驳　纺驴纽拢拣拐拘垃茂苹
茄茅枕枣厕垄顷斩虏肾　咐咏帖帜贩钓乖刮秆侄

侦侨斧肺肢肿胀兔狐郊　盲闸炒炊炕沫沾泊泻泳
沸泼怖宙帘衬诞弦陕驼　垮挎挠拴挪荐巷茧栋柿
咸歪砖砌砍耍殃鸦竖眨　哄哑畏趴胃虾蚁蚂咽哗
咳峡贱钞钥钩竿侮俭盆　狭狮狡饶饺饼疮疫疤剃
浊洽扁袄诵垦昼陡姥姨　姻怠垒绑绒骄骆绞顽盏

匪捞捎捏捆捐捡挽壶耻　耽框桐逗栗翅毙晒眠鸭
晌晕蚊哨唉贿钳铅牺秤　秩笋倚倘倡俯倦躬舰舱
颂胳狸皱桨脊症烤烘烛

250 个常用字标注：

乞 tnb	勺 qyi2	丸 vyi2	弓 xng	犬 dgty	屯 gb
冈 mqi	爪 rhyi	勿 qre	扒 rwy	扔 re	轧 lnn
叮 ksh	叼 kng	叨 kvn	禾 ttt	斥 ryi	甩 en
饥 qnm	汁 ifh2	辽 bp	孕 ebf	扛 rag	圾 fe
芒 ayn	朽 sgnn	朴 shy	匠 ar	夸 dfn	屿 mgn
帆 mhm	乒 rgt	乓 rgy	伞 wuh	肌 em	讽 ymq
奸 vfh	抄 rit	坝 fmy	坟 fy	坑 fym	坊 fyn
芹 arj	芦 aynr	杠 sag	杏 skf	歼 gqt	盯 hs
旷 jyt	吩 kwv	呜 kqng	吼 kbn	秃 tmb	伶 wwyc
佣 weh	皂 rab	岔 wvmj	肝 ef	龟 qjn	删 mmgj
冻 uai	冶 ick	灶 of	灿 om	沃 itdy	诊 ywe
尿 nii	妖 vtd	纱 xi	驳 cqq	纺 xy	驴 cyn
纽 xnf	拢 rdx	拣 ranw	拐 rkl	拘 rqk	垃 fug
茂 adn	苹 agu	茄 alkf	茅 acbt	枕 spq	枣 gmiu
厕 dmjk	垄 dxf	顷 xd	斩 lr	虏 halv	肾 jce
咐 kwf	咏 kyn	帖 mhh	帜 mhkw	贩 mr	钓 qqy
乖 tfu	刮 tdjh	秆 tfh	侄 wgcf	侦 whm	侨 wtd
斧 wqr	肺 egm	肢 efc	肿 ek	胀 eta	兔 qkqy
狐 qtr	郊 uqb	盲 ynh	闸 ulk	炒 oi	炊 oqw
炕 oym	沫 igs	沾 ihk	泊 ir	泻 ipgg	泳 iyni
沸 ixj	泼 inty	怖 ndm	宙 pm	帘 pwm	衬 puf
诞 ythp	弦 xyx	陕 bgu	驼 cp	垮 fdfn	挎 rdfn

续表

挠 ratq	拴 rwg	挪 rvf	荐 adh	巷 awn	茧 aju
栋 sai	柿 symh	咸 dgk	歪 gig	砖 dfny	砌 dav
砍 dqw	耍 dmjv	殃 gqm	鸦 ahtg	竖 jcu	眨 htp
哄 kaw	哑 kgo	畏 lge	趴 khw	胃 le	虾 jghy
蚁 jyq	蚂 jcg	咽 kld	哗 kwx	咳 kynw	峡 mgu
贱 mgt	钞 qit	钥 qeg	钩 qqc	竿 tfj2	侮 wtx
俭 wwgi	盆 wvl	狭 qtgw	狮 qtjh	狡 qtu	饶 qna
饺 qnuq	饼 qnu	疮 uwb	疫 umc	疤 ucv	剃 uxhj
浊 ij	洽 iwg	扁 ynma	袄 put	诵 yceh	垦 vef
昼 nyj	陡 bfh	姥 vft	姨 vg	姻 vld	怠 ckn
垒 cccf	绑 xdt	绒 xad	骄 ctdj	骆 ctk	绞 xuq
顽 fqd	盏 glf	匪 adjd	捞 rap	捎 rie	捏 rjfg
捆 rls	捐 rke	捡 rwgi	挽 rqkq	壶 fpo	耻 bh
耽 bpq	框 sagg	桐 smgk	逗 gkup	栗 ssu	翅 fcn
毙 xxgx	晒 jsg	眠 hna	鸭 lqy	晌 jtm	晕 jp
蚊 jyy	哨 kie	唉 kct	贿 mde	钳 qaf	铅 qmk
牺 trs	秤 tgu	秩 trw	笋 tvt	倚 wds	倘 wim
倡 wjjg2	俯 wyw	倦 wud	躬 tmdx	舰 temq	舱 tew
颂 wcd	胳 etk	狸 qtjf	皱 qvhc	桨 uqs	脊 iwe
症 ugh	烤 oft	烘 oaw	烛 oj		

第五节　单字练习五

练习［250 个常用字（★★★）］

淋淹淘惭悼惕寇窑谎谜　逮屠婶绵绸趁堤揪煮搁

搂搅揉葡葱辜葵椒棵棍　棚棕厦雁敞暑喇蛙蛛蜓

喉赔锄锅毯鹅筐筛筋筝　傍惩艇禽腊脾猾猴馋蛮

羡焰渣溉惰愉慨窜裤裙　谣屡粥絮缎肆搏塌携摊

蒜鹊蓄槐榆酬碑碌雹睬　鄙愚遣蛾嗓罩锡锣锯矮

稠舅腥酱痰煎煌滥滔溜　滨粱滩撇摧摔蔽暮蔑榴

榜榨酷酿弊裳嗽蜻蜡蝇　蜘赚锹箩僚魄膊膀馒裹

膏辣竭歉熄漆蜜谱嫩凳　骡撕趟蕉蔬樱橡醋瞒瞎
踢踩蝴嘱稼僵僻艘膝膛　劈薯薪颠橘蹄赠篮膨糕
澡懒缴鞠蹈辫糟糠蹦镰　攀蹲瓣疆躁嚼嚷蠢囊罐

浙涝浴烫宵窄宰袜袍谅　谊恳屑娱绢绣堵掀掏掠
掘萌萝萄菊菠梢梳桶爽　聋辅雀匙眯啄崖崭铲梨
犁笨笛衔鸽脖馅痒庸鹿

250 个常用字标注：

淋 iss	淹 idj	淘 iqr	惭 nl	悼 nhjh	惕 njq
寇 pfqc	窑 pwr	谎 yay	谜 yopy	逮 vip	屠 nft
婶 vpj	绵 xr	绸 xmf	趁 fhwe	堤 fjgh	揪 rto
煮 ftjo	搁 rut	搂 ro	搅 ripq	揉 rcbs	葡 aqg
葱 aqrn	辜 duj	葵 awg	椒 shi	棵 sjs	棍 sjx
棚 see	棕 sp	厦 ddh	雁 dww	敞 imkt	暑 jft
喇 kgk	蛙 jff	蛛 jri	蜓 jtfp	喉 kwn	赔 muk
锄 qegl	锅 qkm	毯 tfno	鹅 trng	筐 tag	筛 tjgh
筋 telb	筝 tqvh	傍 wup	惩 tghn	艇 tet	禽 wyb
腊 eaj	脾 ert	猾 qtm	猴 qtw	馋 qnqu	蛮 yoj
羡 ugu	焰 oqv	渣 isjg	溉 ivc	惰 nda	愉 nw
慨 nvc	窜 pwk	裤 puy	裙 puvk	谣 yer	屡 no
粥 xox	絮 vkx	缎 xwd	肆 dv	搏 rgef	塌 fjn
携 rwye	摊 rcw	蒜 afi	鹊 ajqg	蓄 ayx	槐 srq
榆 swgj	酬 sgyh	碑 drt	碌 dvi	雹 fqn	睬 hes
鄙 kfl	愚 jmhn	遣 khgp2	蛾 jtr	嗓 kcc	罩 lhj
锡 qjq	锣 qlq	锯 qnd	矮 tdtv	稠 tmfk	舅 vl
腥 ejt	酱 uqsg	痰 uoo	煎 uejo	煌 or	滥 ijt
滔 iev	溜 iqyl	滨 ipr	粱 ivwo	滩 icw	撇 rumt
摧 rmw	摔 ryx	蔽 aum	暮 ajdj	蔑 aldt	榴 sqy
榜 sup	榨 spw	酷 sgtk	酿 sgye	弊 umia	裳 ipke
嗽 kgkw	蜻 jgeg2	蜡 jaj	蝇 jk	蜘 jtdk	赚 muv
锹 qto	箩 tlq	僚 wdu	魄 rrqc	膊 egef	膀 eup
馒 qnjc	裹 yjse	膏 ypk	辣 ugk	竭 ujqn	歉 uvow

续表

熄 othn	漆 isw	蜜 pntj	谱 yuo	嫩 vgk	凳 wgkm
骡 clx	撕 rad	趟 fhi	蕉 awy	蔬 anh	樱 smmv
橡 sqj	醋 sga	瞒 hagw	瞎 hp	踢 khj	踩 khes
蝴 jde	嘱 knt	稼 tpe	僵 wgl	僻 wnk	艘 tevc
膝 esw	膛 ei	劈 nkuv	薯 alfj	薪 aus	颠 fhwm
橘 scbk	蹄 khuh	赠 mu	篮 tjtl	膨 efk	糕 ougo
澡 ik	懒 ngkm	缴 xry	鞠 afq	蹈 khev	辫 uxu
糟 ogmj	糠 oyvi	蹦 khme	镰 qyu	攀 sqq	蹲 khuf
瓣 ur	疆 xfg	躁 khks	嚼 kel	嚷 kyk	蠢 dwjj
囊 gkh	罐 rmay	浙 irr	涝 iap	浴 iww	烫 inro
宵 pi	窄 pwtf	宰 puj	袜 pug	袍 puq	谅 yyi
谊 ype	恳 venu	屑 nied	娱 vkgd	绢 xke	绣 xten
堵 fft	掠 rrq	掏 rqr	掠 ryiy	掘 rnbm	萌 aje
萝 alq	萄 aqr	菊 aqo	菠 aih	梢 sie	梳 syc
桶 sce	爽 dqq	聋 dxb	辅 lgey	雀 iwyf2	匙 jghx
眯 ho	啄 keyy	崖 mdff	崩 ml	铲 qut	梨 tjs
犁 tjr	笨 tsg	笛 tmf	衔 tqf	鸽 wgkg	脖 efp
馅 qnqv	痒 uud	庸 yveh	鹿 ynj		

第十四章

地址及单字练习

本章的地址都是在网上收集来的，由于是用来练习打字，所以与收集的准确性无关，除用来练习打字之外，请勿作他用。练习时，如做准确性练习，要求准确率100%；如做速度练习，准确率不应低于80%。

第一节　地址及单字练习一

一、地址练习

中山市东区晴力五金木器制品厂
　　东区起湾第三工业区　528403
中山市石岐伟基鞋业商店
　　石岐区孙文西路56号　528400
中山市石岐新生建材行
　　石岐区张溪码头14号仓　528400

肇庆市悦琅化妆品有限公司
　　广东省肇庆市端州二路黄岗镇河旁村东　526060
中山市小榄镇新兴业塑料五金制品厂
　　小榄镇西区管理区三村工业区　528415
东莞市樟木头兴隆粮油店
　　广东省东莞市樟木头镇怡安街22号　523620

高明市华联塑料机械有限公司
　　广东省高明市更楼白石开发区　528522
湛江市霞山区鑫和贸易有限公司
　　椹川大道海新钢材市场BF7－8号档　524018
翁源县人民政府
　　广东省韶关市翁源县龙仙镇建国路5号　512600

东莞市进业工贸有限公司
　　附城区红荔路鱼胜桥101号　523110
连平县崧岭粮食管理所

广东省河源市连平县崧岭镇　517149

鸿富锦精密工业深圳有限公司

广东省深圳市宝安区第十二工业区东环二路二号　518000

深圳市龙岗区龙岗镇同乐富玮金属塑胶制品厂

广东省深圳市龙岗区龙岗镇同乐村第二十六工业区第五栋　518116

潮阳市和平镇和铺居委会

广东省潮阳市和平镇和铺村　515154

广州市海珠区新镇工会

广东省广州市海珠区敦和路 189 号　510300

广东省广电集团有限公司

广东省广州市东山区东风东路 757 号　510600

深圳市宝恒集团股份有限公司

广东省深圳市宝安区宝城湖滨路 5 号　518101

广州市白云区萝岗镇火村经济联合社

萝岗镇火村村　510530

汤姆盛光学主件深圳有限公司

广东省深圳市南山区南山第五工业区　518052

深圳龙岗区南岭村经济发展有限公司

广东省深圳市龙岗区布吉镇南岭村办公楼 3 楼　518123

羊城铁路总公司职工思想政治工作研究会

广东省广州市东山区白云路 28 号 707 室　510010

广州铁路集团羊城铁路总公司

白云路 28 号　510100

东莞市黄江镇工会委员会

黄江镇西进路 23 号镇府大院　523749

深圳市苏一建实业有限公司

广东省深圳市福田区红荔路 7022 号鲁班大厦写字楼 16　518034

美的集团有限公司

广东省佛山市顺德区北窖镇蓬莱路工业大道　528311

TCL 家电海外销售中心

广东省惠州市鹅岭南路 6 号 TCL 大厦六楼　516001

三九企业集团有限公司

广东省深圳市深南东路 2 号三九大酒店四楼　518002

TCL 集团有限公司 TV 事业部

广东省深圳市蛇口工业大道中 5 号　518067

中山张家边企业集团有限公司

广东省中山市火炬高科技产业开发区　528436

深圳市龙华镇富士康集团

广东省深圳市宝安区龙华镇　518109

深圳市宝安区沙井镇博岗经济发展公司

广东省深圳市宝安区沙井镇博岗村博岗大道 23 号　518104

广东育丰鞋业有限公司

广东省增城市石滩横岭村荔石路　511330

广梅汕铁路有限公司责任公司

广东广州天河区天河路 472 号　510620

广东溢达纺织有限公司

广东省佛山市高明区沿江路 13 号　528500

三九企业集团工会委员会

广东省深圳市深南东路 1001 号三九大酒店四层　518002

华为技术有限公司

广东省深圳市龙岗区坂田华为基地　518129

中兴通讯股份有限公司

广东省深圳市南山区高新南山新南四道中兴研发大厦　518057

深圳市龙岗新生经济发展有限公司

广东省深圳市龙岗区龙岗镇沿海路 8 号　518116

深圳富泰宏精密工业有限公司

广东省深圳市宝安区油松富士康科技工业园 F3 区 A 栋　518109

揭东县永源螺丝有限公司

广东省揭阳市揭东县地都镇枫美村　522100

深圳市宝安区松岗镇东方工业公司

广东省深圳市宝安区东方　518105

赛思特珠海仪表设备有限公司

广东省珠海市香洲区海虹路 29 号东区大厦 8 楼　519000

高明市溢达纺织有限公司

广东省高明市　沧江出品加工区　528500

顺德市金科电器有限公司

广东顺德市陈村镇建设路 80 号　528313

广东格兰仕集团有限公司

广东省佛山市顺德区容桂大道南 25 号　528303

东莞南城新科磁电制品厂

广东省东莞市东莞市宏远工业区　523087

广州港务局

广东省广州市黄埔区黄埔港前路 531 号　510700

华为技术有限公司生产采购中心

广东省深圳市龙岗区坂田华为基地实验楼 6 楼　518129

南海市教育局

广东省南海市桂城城南　528200

中国海员工会广州港务局委员会

广东省广州市黄埔区黄埔港前路 531 号　510700

广东省韶钢集团公司

广东省曲江县南江马坝　512123

深圳中兴通讯设备股份有限公司

广东省深圳市南山区高新技术产业园科技南路中兴通讯大厦　518057

番禺创信鞋业有限公司

广东省广州市番禺区九比灵山镇九比村榄九路　511473

广东东菱凯琴集团有限公司

广东省佛山市顺德区政和南路　528322

广东省韶关钢铁集团有限公司

西村西增路内协和路 10 号　510160

南海市平洲平东朋业玩具厂

南海市平洲区平东六坊工业区　528251

东莞裕元制造厂

广东省东莞市东莞市高埗镇裕元工业区　523286

康佳集团信息网络有限公司

广东省深圳市华侨城　518053

广州远洋运输公司

环市东路 412 号　510061

广东美的集团股份有限公司

广东省顺德市美的工业城　528311

阳江市海陵岛开发试验区个体劳动者协会

广东省阳江市闸坡镇东风路一号　529536

深圳市横岗投资股份有限公司

广东省深圳市龙岗区横岗镇联建商住楼二楼 634 号　518173

深圳市中兴通讯股份有限公司

广东省深圳市南山区高新技术产业园科技南路中兴通讯大厦 B2 座 4 楼　518057

台达电子电源东莞有限公司

广东省东莞市东莞市石碣镇同富路　523308

珠海格力电器股份有限公司

广东省珠海市香洲区前山金鸡西路 6 号　517907

广州市番禺区旧水坑丰达电机厂

广东省广州市番禺区石基镇旧水坑　511450

广州市千足行贸易有限公司

侨光路8号华厦大酒店C座6楼　510115

五环集团实业有限责任公司深圳分公司

广东省深圳市罗湖区港莲路93号103室　518004

珠海格力集团公司

广东省珠海市北岭工业区　519020

广东美的制造有限公司

广东省顺德市北滘镇美的工业园区　528311

深圳中兴通信股份有限公司

广东省深圳市南山区高新技术园科技南路　518057

比亚迪股份有限公司

广东省深圳市龙岗区延安路　518119

广州五羊集团有限公司

广东省广州市海珠区滨江中路352号　510220

赐昱鞋业深圳有限公司

广东省深圳市龙岗区龙岗区爱联嶂背工业区　518172

友利电电子深圳有限公司

广东省深圳市宝安区塘尾工业区　518103

广东省粤电资产经营有限公司

体育西路1-3号省邮政局峰源大厦14-18楼　510008

广州海运集团有限公司

广东省广州市海珠区滨江中路308号　510220

华联发展集团有限公司

广东省深圳市深南中路2008号华联大厦　518031

中国南方航空股份有限公司

白云国际机场　510406

广州市白云农工商联合公司

广东省广州市白云区同和镇　510515

湛江港务局

广东省湛江市霞山区友谊路 1 号　524027

深圳市比亚迪锂电池有限公司

广东省深圳市龙岗区延安路比亚迪工业园 A2 栋第一层　518119

深圳市中金岭南有色金属股份有限公司韶关铅锌分公司

广东省韶关市浈江区韶南大道北 82 号　512023

澄海市外砂镇蓬中村民委员会

广东省汕头市澄海市外砂镇蓬中村民委员会　515823

鹤山雅图仕印刷有限公司

广东省江门市鹤山市古劳镇　529738

广州摩托车集团公司五羊自行车分公司

广东省广州市海珠区南石路 28 号　510285

广东省曲仁矿务局

广东省韶关市曲江县花坪镇　512149

广梅汕铁路有限责任公司

梅花路 18 号　510600

广东格兰仕企业集团公司

广东省佛山市顺德容桂区容桂大道南 25 号　528305

深圳市中金岭南有色金属股份有限公司

广东深圳市嘉宾路 4028 号太平洋商贸大厦 12 楼　518001

中山广盛运动器材有限公司

广东省中山市中山港出口加工区一区　528436

广州化工集团有限公司工会委员会

广东省广州市东山区较场东路 19 号九楼　510055

广东韶钢松山股份有限公司

广东省韶关市曲江区马坝镇　512123

鸿兴印刷中国有限公司

广东省深圳市宝安区怀德工业村　518103

澄海市湾头镇北湾村民委员会

广东省汕头市澄海市湾头镇北湾村民委员会　515835

珠海三美电机有限公司

广东省珠海市香洲区翠珠工业区　519070

澄海市莲下镇建阳村民委员会

广东省汕头市澄海市莲下镇建阳村　515834

中国煤矿工会曲仁矿区委员会

广东省韶关市曲江县花坪镇曲仁矿务局　512149

东莞涉裕元制造厂第一分厂

广东省东莞市涉镇裕元工业园区　523286

延边中韩星经济贸易有限公司

广州市永福路 49 号福怡大厦 707 室　510500

嘉莉诗服装肇庆有限公司

广东省肇庆市肇庆大道以北 120 区　526060

中金岭南方有色金属股份有限公司

广东省深圳市嘉宾路 4028 号太平洋商贸大厦 12 楼　518001

汕头圣地亚毛织有限公司

广东省汕头市龙湖练江路 H15 幢三楼　515041

韶关冶炼厂

广东省韶关市南郊九公里　512024

顺德市顺达电脑厂有限公司

广东省佛山市顺德伦教区顺达路一号　528308

广东佛陶集团股份有限公司

广东省佛山市石湾镇和平路 5 号陶城大厦　528031

深圳市宝安区沙井博岗实用电器厂

广东省深圳市宝安区沙井镇新桥村实用路　518104

深圳环宇电源股份有限公司

广东省深圳市车公庙天安数码城天祥大厦 6 楼 D 座　518101

肇庆市风华电子有限公司

广东省肇庆市风华路 18 号　526020

深圳市实用电器有限公司

广东省深圳市　518104

深圳润迅通信发展公司

广东省深圳市嘉宾路 4051 号粤海金威大厦 7 层　518001

广州市国营白云农工商联合公司工会委员会

广东省广州市白云区同和镇　510515

清新县万国清新鞋业有限公司

广东省清远市清新县太平镇工业园区　511853

惠阳市秋长镇工业发展公司

广东省惠阳市秋长居委会　516221

广州市荣华饮食服务有限公司工会委员会

东风西路西场一街 28 号首层　510160

广州百货企业集团有限公司工会委员会

广东省广州市越秀区西湖路 12 号　510030

广东海丰鞋业有限公司

广东省广州市增城市石滩镇荔石路　511330

东莞裕元制造厂一分厂

广东省东莞市高埗镇上江城　523286

二、练习［200 个常用字（★★）］

氢函烯氨贮钠苯讼氮柯　瓷熙淀酵钾硝馏吏辊棱

勘谐哩烃纬纶绅坯锭酯　酶酚杭姚烷醇雏胺徽诬

咨缆铒掷涤胎捅邵淮徙　蔡辖逻禄捻粹肪醛讹锌

篡釉氟铀谴颁舶媳烹韧　哎舆缔雇契妃亥阐佐麟

肖圚账炳阖拚乾谭崩胚　礁蓉郡吁闽凿俺浒勋籽

镁鄂鼎岌藩卑氛碘缚澄　溢拱晰菱酞挫萎肴枢豫
谕迭荏畴哼歧溃蔗潭祁　梭颖甸藻捣诏兹琼汛馈
婴沥仑沪浦祭蒲呖蘖缅　峻腺涡夷铵荫哟苛锰椭
镶溴滞氓卤衔裸拄窖栅　噪耿昙宦哇诈藤廓氰杉
玛矢寓罕帕桉秉斋叭瘤　篷砸瞪笙酮蕴喀楔枚嵌

200 个常用字标注：

氢 rnc	函 bib	烯 oqd	氨 rnp	贮 mpg	钠 qmw
苯 asg	讼 ywc	氮 rno	柯 ssk	瓷 uqwn	熙 ahko
淀 ipgh2	酵 sgfb2	钾 qlh	硝 die	馏 qqyl2	吏 gkq
辊 lj	棱 sfw	勘 adwl	谐 yxxr	哩 kjf	烃 oc
纬 xfnh	纶 xwx	绅 xjh	坯 fgig	锭 qp	酯 sgx
酶 sgtu2	酚 sgw	杭 sym	姚 viq	烷 opf	醇 sgyb
雏 qvw	胺 epv	徽 tmgt	诬 yaw	咨 uqwk	缆 xjt
铒 qnbg	掷 rudb	涤 its	胎 eck	捅 rce	邵 vkb
淮 iwy	徙 thh	蔡 awf	辖 lpdk	逻 lqp	禄 pyv
捻 rwyn2	粹 oyw	肪 eyn	醛 sgag	讹 ywxn	锌 quh
篡 thdc	釉 tom	氟 rnx	铀 qmg	谴 ykhp	颁 wvd
舶 ter	媳 vthn	烹 ybo	韧 fnhy	哎 kaq	舆 wfl
缔 xup	雇 ynwy2	契 dhv	妃 vnn	亥 yntw	阐 uuj
佐 wda	麟 ynjh	肖 ie	圚 llg	账 mta	炳 ogm
阖 ufc	拚 rca	乾 fjt	谭 ysj	崩 mee	胚 egi
礁 dwy	蓉 apw	郡 vtkb	吁 kgfh	闽 uji	凿 ogu
俺 wdjn	浒 iytf3	勋 kml	籽 ob	镁 qug	鄂 kkfb
鼎 hnd	岌 meyu	藩 aitl	卑 rtfj3	氛 rnw	碘 dma
缚 xge	澄 iwgu	溢 iuw	拱 raw	晰 jsr	菱 afwt2
酞 sgtq	挫 rww	萎 atv	肴 qde	枢 saq	豫 cbq
谕 ywgj2	迭 rwp	荏 rwp	畴 ldt	哼 kyb	歧 hfc
溃 ikh	蔗 aya	潭 isj	祁 pyb	梭 scw	颖 xtd
甸 ql	藻 aik	捣 rqym	诏 yvk	兹 uxx	琼 gyiy
汛 inf	馈 qnk	婴 mmv	沥 idl	仑 wxb	沪 iyn

续表

浦 igey	祭 wfi	蒲 aigy	呖 kdl	蘖 awns	缅 xdmd
峻 mcw	腺 eri	涡 ikm	夷 gxw	铵 qpv	荫 abe
哟 kx	苛 as	锰 qbl	椭 sbd	镶 qyk	溴 ithd
滞 igk	氓 ynna	卤 hl	衍 tif	裸 pujs	拄 ryg
窖 pwtk2	栅 smm	噪 kkks	耿 bo	昙 jfcu	宦 pah
哇 kff	诈 yth	藤 aeu	廓 yyb	氰 rnge2	杉 set
玛 gcg	矢 tdu	寓 pjm	罕 pwf	帕 mhr	桉 spv
秉 tgv	斋 ydm	叭 kwy	瘤 uqyl	篷 ttdp	砸 damh
瞪 hwg	笙 ttgf2	酮 sgmk	蕴 axj	喀 kpt	楔 sdh
枚 sty	嵌 maf				

第二节　单字练习二

练习［222 个常用字（★★）］

拙厢粤腕娓锚哦荆圃骚　弗衙渥饷熬腈蓂聘郓冀
酥寡彦啡钝汝擅汰鳙嘿　逊咖鲤庵葫鳞忉腻戊刹
嘻桔坎拇煽梗莽雯亟泌　坪喻渊蚌涅钊譬蕊奕扼
郝寥凄钧耦戮屁匈桩涵　抒岔敷嗣尉糙蹬嗯姬僧
茨翰枉岐焚咕揽汹咋镀　爵璋瞅迄汞呱诡祺嘲惶

赃癌扳庐聂芡躯贬拧隋　襄淤宠滇騫栓佑憾狷兜
孵痼盥曝泣眷噢栖鳖溅　琪淆陛巢哒唧沛蜀蜇捍
铰幂尧咒褂焕煞搓釜铬　募瑰鲢灼邹焉彰琳沦畔
庶皖邢禹渍绷翘淫箪陌　鲑玫巫拂澜赎绥囱颊缕
寅稚庚苟氦魁珊蜕蛭酌　闺蔓豌朕缉襟镍桅荧卒

佃瞿娶饪耸乍靶靖韶嚣　蓿氘娥鄺霖喃搪雍撰豹
骏慷

222 个常用字标注：

捃 rfp	厢 dsh	粤 tlo	腕 epq	娓 vntn	锴 qal
哦 ktr	荆 aga	圃 lgey2	骚 ccyj	弗 xjk	衔 tgk
渥 ing	饷 qntk2	熬 gqto	腈 egeg	奠 usgd	聘 bmg
郓 plb	冀 uxl	酥 sgty	寡 pde	彦 uter	啡 kdj
钝 qgbn	汝 ivg	擅 ryl	汰 idy	鳙 qgyh	嘿 klf
逊 bip	咖 klk	鲤 qgjf2	庵 ydjn	葫 adef	鳞 qgo
忉 nvn	腻 eaf	戊 dny	刹 qsj	嘈 kfk	桔 sfk
坎 fqw	拇 rxg	煽 oynn	梗 sgjq	莽 ada	雯 fyu
亟 bkc	泌 int	坪 fgu	喻 kwgj	渊 ito	蚌 jdh
涅 ijfg	钊 qjh	譬 nkuy2	蕊 ann	奕 yod	扼 rdb
郝 fob	寥 pnw	凄 ugvv2	钧 qqug	耦 dij	戥 jtga2
屁 nxx	匈 qqb	桩 syf	涵 ibi	抒 rcb	忿 wvnu
敷 geht	嗣 kma	尉 nfif	糙 otf	蹬 khwu2	嗯 kldn
姬 vah	僧 wul	茨 auqw	翰 fjw	枉 sgg	岐 mfc
焚 sso	咕 kdg	揽 rjt	汹 iqbh	咋 kthf	镀 qya
爵 elv	璋 guj	瞅 hto	迄 tnp	汞 aiu	呱 krc
诡 yqd	祺 pya	嘲 kfj	惶 nrgg	赃 eyf	癌 ukk
扳 rrc	庐 yyne	聂 bcc	芡 aqw	躯 tmdq	贬 mtp
拧 rps	隋 nda	襄 ykk	淤 iywu2	宠 pdx	滇 ifhw2
骞 pfjy	栓 swg	佑 wdk	憾 ndgn	狷 qtjj	兜 qrnq
孵 qytb	痼 uld	盥 qgi	曝 jja	泣 iug	眷 udhf
噢 ktmd	栖 ssg	鳌 gqtg3	溅 imgt	琪 gad	淆 iqd
陛 bx	巢 vjs	哒 kdp	唧 kvcb	沛 igmh	蜀 lqj
蜇 rrj	捍 rjf	铰 quq	幂 pjd	尧 atgq	咒 kkm
褂 pufh	焕 oqm	煞 qvt	搓 rud	釜 wqf	铬 qtk
募 ajdl	瑰 grq	鲢 qglp	灼 oqy	邹 qvb	焉 ghg
彰 uje	琳 gss	沦 iwx	畔 luf	庶 yao	皖 rpf
邢 gab	禹 tkm	渍 igm	绷 xee	翘 atgn	淫 iet
箪 tujf2	陌 bdj	鞑 afdp	玫 gt	巫 aww	拂 rxjh
澜 iugi	赎 mfn	绥 xev	囱 tlqi	颊 guwm	缕 xov
寅 pgm	稚 twy	庚 yvw	苛 as	氦 rnyw2	魁 rqcf
珊 gmm	蜕 juk	蛭 jgc	酌 sgq	闺 uffd	蔓 ajl
豌 gkub	朕 eudy	缉 xkb	襟 pus	镍 qth	桅 sqd
荧 apo	卒 ywwf	佃 wl	瞿 hhwy2	娶 bcv	饪 qntf2

续表

耸 wwb	乍 thf	靶 afc	靖 uge	韶 ujv	嚣 kkdk2
蓿 apwj	氘 rnj	娥 vtr	剿 vjsj	霖 fss	喃 kfm
搪 ryv	雍 yxt	撰 rnnw	豹 eeqy	骏 ccw	慷 nyv

第三节 精练 1 000 字练习

要求速度达到每分钟 100 字。

（以下单字在前文中均已标注）

的一国在人了有中是年　和大业不为发会工经上
地市要个产这出行作生　家以成到日民来我部对
进多全建他公开们场展　时理新方主企资实学报
制政济用同于法高长现　本月定化加动合品重关
机分力自外者区能设后　就等体下万元社过前面

农也得与说之员而务利　电文事可种总改三各好
金第司其从平代当天水　省提商十管内小技位目
起海所立已通入量子问　度北保心还科委都术使
明着次将增基名向门应　里美由规今题记点计去
强两些表系办教正条最　达特革收二期并程厂如

道际及西口京华任调性　导组东路活广意比投决
交统党南安此领结营项　情解议义山先车然价放
世间因共院步物界集把　持无但城相书村求治取
原处府研质信四运县军　件育局干队团又造形级
标联专少费效据手施权　江近深更认果格几看没

职服台式益想数单样只　被亿老受优常销志战流
很接乡头给至难观指创　证织论别五协变风批见
究支那查张精每林转划　准做需传争税构具百或

才积势举必型易视快李　参回引镇首推思完消值
该走装众责备州供包副　极整确知贸己环话反身

选亚么带采王策真女谈　严斯况色打德告仅它气
料神率识劳境源青护列　兴许户马港则节款拉直
案股光较河花根布线土　克再群医清速律她族历
非感占续师何影功负验　望财类货约艺售连纪按
讯史示象养获石食抓富　模始住赛客越闻央席坚

份士热限米银息校均房　周游千失八检足配存九
命尔即防钱评复考依断　范础油照段落访未额双
让切须儿便空往你层低　奖注黄英承远版维算破
铁乐边初满病响药助致　善突爱容香称购届余素
请白宣健牌促培竞巴稳　继紧字困刘旅声超随例

担友号显却监材且春居　适除红半买充陈火搞图
阳六察试太什执片古七　球修尽控讲排粮武预亲
挥卖审措荣洲卫希店良　属险曾围域令站苏龙念
罗吨器汇康减习演普田　班待星飞写矿轻扩言章
汽靠毛终仍景置底福止　离泽波兰核降训逐票菜

座献钢眼损宁像苦印融　独湖早予夫编换欧努著
顾征升态套介送某斗状　画留航派室临兵补宝略
黑综云差纳密贫剧犯阿　击遇岁阶烈督吃丰馆招
害官树听庭另沙私针胜　贷网愿托缺园假酒音巨
既判输讨测读洋括筑欢　刚庆久陆找楼激晚绝压

故互签汉草木亩短绍迎　吸警藏疗贵纷授登探索
湾宏录申诉秀序顺死卡　歌午孩桥喜川邓扬津温
船库订练候退违否彩棉　帮拿罪币角召灾妇杨奋
绩虽煤免笔够永圳停奥　鲜朝吴岛觉移尼急博贯
拥束左细舞幅语俄奇般　简拍脑债固威券追筹刻

映繁伟甚饭右彻烟沿街　血冲洪植誉刊玉厅救潮
迅伍怎付倍顿述播励斤　乎纸振旧障鼓艰呼吉男
绿尚夏亏季松哈祖典韩　遍夜轮板抗摄杂皮贡借
幕罚伤岸扶乱曲脱践危　澳童散味叶累谢孙邮雄
兼微呢谁惠偿署择染答　块徐鱼赞课盛延瑞怀堂

第四节　重码字练习

基　芸　鞋　著　菱　芙　萍　莎　幕　暮　茄　黄　芮　艺　萱　敬　苟　警　获
菇　茹　苍　荟　薛　恭　蘑　子　了　院　陶　孤　阪　除　孩　颈　矛　又　难
大　厦　砖　研　厨　慧　戚　非　悲　翡　斐　碍　万　尤　牵　砍　原　碑　聋
碎　孕　孚　肠　妥　脏　截　埃　去　云　支　封

坏　垣　赴　盐　赵　真　霄　埋　堤　斡　喜　嘉　坞　均　幸　瑾　致　臻　吞
王　环　琴　璐　束　赖　现　两　璀　与　瓦　綦　鳌　敖　虚　上　瞿　颅　齿
淇　泽　湖　涯　汲　汗　汁　滇　洁　滤　濒　涉　渺　沾　水　淼　鲨　渴　滑
洞　测　漏　汤　泻　渲　淀　赏　党　觉　渣　淋

溯　沼　举　誉　雀　流　济　浏　洲　浒　淤　晓　竖　晴　蜻　量　晃　帅　晚
冕　晰　戥　星　昨　鉴　览　蝉　蝙　哮　嘟　嗜　吴　嗽　跷　跆　跨　踩　蹈
遗　遣　跑　跌　踵　路　蹲　蹭　跤　蹬　趴　器　嚣　品　口　哗　轻　畴　转
黑　默　团　辅　圃　辆　车　四　贺　田　鸭　铁

略　贼　赋　屿　幅　由　贝　山　岗　岚　刚　网　屹　异　惜　懂　怯　慰　惧
忡　辟　譬　臂　劈　璧　己　书　已　快　羽　尾　憧　悦　昼　忙　心　翠　以
烘　糊　炳　熠　火　塞　额　寝　裕　窄　窖　希　钝　铺　钙　鲁　鲤　鲍　鲜
钰　钊　钟　铝　钮　饲　饱　饪　饷　饿　饺　钧

刹　猫　獗　锤　狸　狡　皱　久　勺　鸟　岛　镰　贸　撤　措　描　拱　择　抬
摊　瓜　拜　挎　翱　扰　援　扶　搏　捕　兵　年　掉　捏　捍　担　揭　摆　舞
制　摧　氰　握　扬　拨　氧　氛　抉　拟　氦　皖　控　挖　鬼　魅　掏　欣　扳

逝　魄　白　拆　托　括　卑　手　播　斤　拌　抖

搁　挪　热　拾　挫　擒　拎　推　捻　指　械　栋　枢　梭　枯　橱　桂　票　标
桔　本　酵　醒　梧　配　朽　酷　酶　酚　酯　桃　哥　杞　杰　粟　彬　焚　木
梯　桩　筐　矩　短　知　乱　适　筹　矫　敌　租　舰　街　待　行　午　竿　迁
先　赞　乖　籁　牌　咎　鼻　息　得　复　积　囱

衅　躺　徽　微　秘　番　愁　悉　衡　稀　衔　特　我　牲　牧　笔　笙　竹　禾
简　箪　税　剩　稚　繁　毓　敏　稿　簇　疗　塑　卷　郑　羞　翔　送　善　羚
养　前　斗　半　辣　凄　赣　总　兑　竟　瞥　决　酱　浆　瓷　次　疚　尊　奠
酋　首　阐　阀　痤　凝　辛　即　媛　垦　逮　妙

姓　女　刃　丸　供　仔　颂　翁　俊　估　仁　仕　祭　佘　传　傅　倩　愈　敛
凳　使　债　倡　偶　似　你　叙　侨　任　赁　凭　傻　斜　佟　颁　岔　坐　俭
偷　众　人　隽　依　储　信　贪　念　集　俯　经　织　纳　幻　纪　纸　疑　纤
给　缘　丝　毙　皆　弦　谨　序　计　讲　识　高　讯　词　永　启　赢　扁　遍
刻　肇　廖　诀　谬　雇　毫　诧　底　麻　靡　磨　许　庭　州　详　谕　鹰　谁
方　议　言

第十五章

文 章 练 习

文章练习要求：看打准确率100%，听打准确率98%。

第一节　文章练习（每分钟80～110字）

古代有一位老人，住在华北，名叫北山愚公。他的家门南面有两座山挡住了他家的出路，一座叫做太行山，一座叫做王屋山。愚公下决心率领他的儿子们要用锄头挖去这两座大山。有个老头子名叫智叟的看了发笑，说是你们这样干未免太愚蠢了，你们父子数人要挖掉这样两座大山是完全不可能的。愚公回答说：我死了以后有我的儿子，儿子死了，又有孙子，子子孙孙是没有穷尽的。这两座山虽然很高，却是不会再增高了，挖一点就会少一点，为什么挖不平呢？愚公批驳了智叟的错误思想，毫不动摇，每天挖山不止。这件事感动了上帝，他就派了两个神仙下凡，把两座山背走了。现在也有两座压在中国人民头上的大山，一座叫做帝国主义，一座叫做封建主义。中国共产党早就下了决心，要挖掉这两座山。我们一定要坚持下去，一定要不断地工作，我们也会感动上帝的。这个上帝不是别人，就是全中国的人民大众。全国人民大众一齐起来和我们一道挖这两座山，有什么挖不平的呢？

第二节　文章练习（每分钟120字）

在苍茫的大海上，狂风卷集着乌云，在乌云和大海之间，海燕像黑色的闪电，在高傲地飞翔。

一会儿翅膀碰着波浪，一会儿箭一般地冲向乌云，它叫喊着，——就在这鸟儿勇敢地叫喊声里，乌云听出了欢乐。

在这叫喊声里——充满着对暴风雨的渴望！在这叫喊声里，乌云听出了愤怒的力量，热情的火焰和胜利的信心。

海鸥，在暴风雨来临之前呻吟着，——呻吟着，它们在大海上飞窜，想把自己对暴风雨的恐惧，掩藏到大海深处。

海鸭也在呻吟着，——它们这些海鸭啊，享受不了生活的战斗的快乐：轰隆隆的雷声就把它们吓坏了。

蠢笨的企鹅，胆怯地把肥胖的身体躲藏在悬崖底下……只有那高傲的海燕，勇敢地，自由自在地，在泛起白沫的大海上飞翔！

乌云越来越暗，越来越低，向海面直压下来，而波浪一边歌唱，一边冲向高空，去迎接那雷声。

第三节 文章练习（每分钟130字）

雷声轰响。波浪的愤怒在飞沫中呼叫，跟狂风争鸣。看吧，狂风紧紧抱起一层层巨浪，恶狠狠地把它们甩到悬崖上，把这些大块的翡翠摔成尘雾和碎末。

海燕叫喊着，飞翔着，像黑色的闪电，箭一般地穿过乌云，翅膀掠起波浪的飞沫。

看吧，它飞舞着，像个精灵，——高傲的、黑色的暴风雨的精灵，——它在大笑，它又在号叫……它笑那些乌云，它因为欢乐而号叫！

这个敏感的精灵，——它从雷声的震怒里，早就听出了困乏，它深信，乌云遮不住太阳，——是的，遮不住的！

狂风吼叫……雷声轰响……

一堆堆乌云，像青色的火焰，在无底的大海上燃烧。大海抓住，把它们熄灭在自己的深渊里。这些闪电的影子活像一条条火蛇，在大海里蜿蜒游动，一晃就消失了。

——暴风雨！暴风雨就要来啦！

这是勇敢的海燕，在怒吼的大海上，在闪电中间，高傲地飞翔；这是胜利的预言家在叫喊：——让暴风雨来得更猛烈些吧！

第四节 文章练习（每分钟140字）

统筹方法，是一种安排工作进程的教学方法，它的实用范围极为广泛，在企业管理和基本建设中，以及关系复杂的科研项目的组织与管理中，都可以应用。

如何应用呢？

比如：想泡壶茶喝。当时的情况是：开水没有；水壶要洗，茶壶茶杯要洗；火生了，茶叶也有了。怎么办？

办法甲：洗好水壶，灌上凉水，放在火上；在等待水开的时间，洗茶壶，洗茶杯，拿茶叶；等水开了，泡茶喝。

办法乙：先做好一些准备工作，洗水壶，洗茶壶茶杯，拿茶叶；一切就绪，灌水烧水；坐待水开了泡茶喝。

办法丙：洗净水壶，灌上凉水，放在火上；坐待水开了之后，急急忙忙找茶叶，泡茶喝。

哪一种办法省时间？我们能一眼看出第一种办法好，后两种办法都“窝了工”。

这是小事，但这是引子，可以引出生产管理等方面的有用的方法来。

水壶不洗，不能烧开水，因而洗水壶是烧开水的前提。没开水、没茶叶、不洗茶壶茶杯就不能泡茶，因而这些又是泡茶的前提。它们的相互关系，可以用下面的时间来表示：洗水壶一分钟，烧开水十五分钟，洗茶壶一分钟，洗茶叶一分钟，拿茶叶两分钟。

第五节　文章练习（每分钟150字）

盼望着，盼望着，东风来了，春天的脚步近了。

一切都像刚睡醒的样子，欣欣然张开了眼。山朗润起来了，水长起来了，太阳的脸红起来了。

小草偷偷地从土里钻出来，嫩嫩的，绿绿的。园子里，田野里，瞧去，一大片一大片满是的。坐着，躺着，打两个滚，踢几脚球，赛几趟跑，捉几回迷藏。风轻悄悄的，草绵软软的。

桃树、杏树、梨树，你不让我，我不让你，都开满了花赶趟儿。红的像火，粉的像霞，白的像雪。花里带着甜味，闭了眼，树上仿佛已经满是桃儿、杏儿、梨儿！花下成千成百的蜜蜂嗡嗡地闹着，大小的蝴蝶飞来飞去。野花遍地是：杂样儿，有名字的，没名字的，散在草丛里，像眼睛，像星星，还眨呀眨的。

“吹面不寒杨柳风”，不错的，像母亲的手抚摸着你。风里带来些新翻的泥土的气息，混着青草味，还有各种花的香，都在微微润湿的空气里酝酿。鸟儿将窠巢安在繁花嫩叶当中，高兴起来了，呼朋引伴地卖弄清脆的喉咙，唱出婉转的曲子，与轻风流水应和着。牛背上牧童的短笛，这时候也成天在嘹亮地响。

雨是最寻常的，一下就是三两天。可别恼，看，像牛毛，像花针，像细丝，密密地斜织着，人家屋顶上全笼着一层薄烟。树叶子却绿得发亮，小草也青得逼你的眼。傍晚时候，上灯了，一点点黄晕的光，烘托出一片安静而和平的夜。乡下去，小路上，石桥边，撑起伞慢慢走着的人；还有地里工作的农夫，披着蓑，戴着笠的。他们的草屋，稀稀疏疏的在雨里静默着。

天上风筝渐渐多了，地上孩子也多了。城里乡下，家家户户，老老小小，他们也赶趟儿似的，一个个都出来了。舒活舒活筋骨，抖擞抖擞精神，各做各的一份事去。“一年之计在于春”，刚起头儿，有的是工夫，有的是希望。

春天像刚落地的娃娃，从头到脚都是新的，它生长着。

春天像小姑娘，花枝招展的，笑着，走着。

春天像健壮的青年，有铁一般的胳膊和腰脚，他领着我们上前去。

第六节 文章练习（每分钟 160 字）

中国共产党第十七次全国代表大会，是在我国改革发展关键阶段召开的一次十分重要的大会。大会的主题是：高举中国特色社会主义伟大旗帜，以邓小平理论和“三个代表”重要思想为指导，深入贯彻落实科学发展观，继续解放思想，坚持改革开放，推动科学发展，促进社会和谐，为夺取全面建设小康社会新胜利而奋斗。

中国特色社会主义伟大旗帜，是当代中国发展进步的旗帜，是全党全国各族人民团结奋斗的旗帜。解放思想是发展中国特色社会主义的一大法宝，改革开放是发展中国特色社会主义的强大动力，科学发展、社会和谐是发展中国特色社会主义的基本要求，全面建设小康社会是党和国家到二零二零年的奋斗目标，是全国各族人民的根本利益所在。

当今世界正在发生广泛而深刻的变化，当代中国正在发生广泛而深刻的变革。机遇前所未有，挑战也前所未有，机遇大于挑战。全党必须坚定不移地高举中国特色社会主义伟大旗帜，带领人民从新的历史起点出发，抓住和用好重要战略机遇期，求真务实，锐意进取，继续全面建设小康社会、加快推进社会主义现代化，完成时代赋予的崇高使命。

第七节 文章练习（每分钟 170 字）

（一）

民主法制建设取得新进步。政治体制改革稳步推进，人民代表大会制度、中国共产党领导的多党合作和政治协商制度、民族区域自治制度不断完善，基层民主活力增强，人权事业健康发展，爱国统一战线发展壮大，中国特色社会主义法律体系基本形成，依法治国基本方略切实贯彻，行政管理体制、司法体制改革不断深化。

全面落实依法治国基本方略，加快建设社会主义法治国家。依法治国是社会主义民主政治的基本要求。要坚持科学立法、民主立法，完善中国特色社会主义法律体系。加强宪法和法律实施，坚持公民在法律面前一律平等，维护社会公平正义，维护社会主义法制的统一、尊严、权威。推进依法行政。深化司法体制改革，优化司法职权配置，规范司法行为，建设公正高效权威的社会主义司法制度，保证审判机关、检察机关依法独立公正地行使审判权、检察权。

加强政法队伍建设，做到严格、公正、文明执法。深入开展法制宣传教育，弘扬法治精神，形成自觉学法守法用法的社会氛围。尊重和保障人权，依法保证全体社会成员平等参与、平等发展的权利。各级党组织和全体党员要自觉在宪法和法律范围内活动，带头维护宪法和法律的权威。

（二）

庆历四年春，滕子京谪守巴陵郡。越明年，政通人和，百废具兴。乃重修岳阳楼，增其旧制，刻唐贤今人诗赋于其上。属予作文以记之。

予观夫巴陵胜状，在洞庭一湖。衔远山，吞长江，浩浩汤汤，横无际涯；朝晖夕阴，气象万千。此则岳阳楼之大观也。前人之述备矣。然则北通巫峡，南极潇湘，迁客骚人，多会于此，览物之情，得无异乎？

若夫霪雨霏霏，连月不开，阴风怒号，浊浪排空；日星隐耀，山岳潜形；商旅不行，樯倾楫摧；薄暮冥冥，虎啸猿啼。登斯楼也，则有去国怀乡，忧谗畏讥，满目萧然，感极而悲者矣。

至若春和景明，波澜不惊，上下天光，一碧万顷；沙鸥翔集，锦鳞游泳；岸芷汀兰，郁郁青青。而或长烟一空，皓月千里，浮光跃金，静影沉璧，渔歌互答，此乐何极！登斯楼也，则有心旷神怡，宠辱偕忘，把酒临风，其喜洋洋者矣。

嗟夫！予尝求古仁人之心，或异二者之为，何哉？不以物喜，不以己悲；居庙堂之高则忧其民；处江湖之远则忧其君。是进亦忧，退亦忧。然则何时而乐耶？其必曰“先天下之忧而忧，后天下之乐而乐”乎。噫！微斯人，吾谁与归？

时六年九月十五日。

第八节　文章练习（每分钟180字）

（一）

鲁迅的成功，有一个重要的秘诀，就是珍惜时间。鲁迅十二岁在绍兴城读私塾的时候，父亲正患着重病，两个弟弟年纪尚幼，鲁迅不仅经常上当铺，跑药店，还得帮助母亲做家务；为免影响学业，他必须做好精确的时间安排。

此后，鲁迅几乎每天都在挤时间。他说过：“时间，就像海绵里的水，只要你挤，总是有的。”鲁迅读书的兴趣十分广泛，又喜欢写作，他对于民间艺术，特别是传说、绘画，也深切爱好；正因为他广泛涉猎，多方面学习，所以时间对他来说，实在非常重要。他一生多病，工作条件和生活环境都不好，但他每天都要工作到深夜才肯罢休。

在鲁迅的眼中，时间就如同生命。“美国人说，时间就是金钱。但我想：时间就是性命。倘若无端的空耗别人的时间，其实是无异于谋财害命的。”因此，鲁迅最讨厌那些

“成天东家跑跑，西家坐坐，说长道短”的人，在他忙于工作的时候，如果有人来找他聊天或闲扯，即使是很要好的朋友，他也会毫不客气地对人家说：“唉，你又来了，就没有别的事好做吗?”

（二）

经济实力大幅提升。经济保持平稳快速发展，国内生产总值年均增长百分之十以上，经济效益明显提高，财政收入连年显著增加，物价基本稳定。社会主义新农村建设扎实推进，区域发展协调性增强。创新型国家建设进展良好，自主创新能力较大提高。能源、交通、通信等基础设施和重点工程建设成效显著。载人航天飞行成功实现。能源资源节约和生态环境保护取得新进展。“十五”计划胜利完成，“十一五”规划进展顺利。

改革开放取得重大突破。农村综合改革逐步深化，农业税、牧业税、特产税全部取消，支农惠农政策不断加强。国有资产管理体制、国有企业和金融、财税、投资、价格、科技等领域改革取得重大进展。非公有制经济进一步发展。市场体系不断健全，宏观调控继续改善，政府职能加快转变，进出口总额大幅增长，实施走出去战略迈出坚实步伐，开放型经济进入新阶段。

人民生活显著改善。城乡居民收入较大增加，家庭财产普遍增多，城乡居民最低生活保障制度初步建立，贫困人口基本生活得到保障，居民消费结构优化，衣食住行用水平不断提高，享有的公共服务明显增强。

第九节　文章练习（每分钟 190 字）

1928 年 12 月，朱德率领部队在资兴驻扎，敌人闻迅来抓朱德。在这万分危急的情况下，朱德见逃不脱敌人的包围，便走进一家祠堂的厨房，随手拉了一条围裙系在腰上。敌人冲进来就问：“你们的总司令在哪里?”朱德指指身后：“在后面。”敌人又问：“你是干什么的?”朱德干脆地回答：“我是伙夫。”但几个敌人仍有些不放心，把这“伙夫”拉到灯下上下打量了一番，见他穿得破破烂烂，胡子老长，真是一副伙夫样。于是信以为真，便急忙到后面搜索。朱德趁机打开窗子，逃之夭夭。

1929 年 2 月，国民党刘士毅部乘黑夜包围了驻扎在项山的红四军军部。此时，朱德的妻子伍若兰要朱德先走，随部队突围，自己掩护，朱德不肯扔下妻子不管，正在争执之时，房门“哗啦”一声被踢开，十几个黄蜂似的敌人揣着枪，气势汹汹冲了进来。伍若兰迅速夺过朱德手中的枪，随即故意对冲进来的敌兵呵斥说：“你们不在前边打仗，跑到我屋里来干什么?”说着，回头对站在一边的朱德大声命令：“老伙夫！还不出去打一桶水来给军长洗脸!”朱德“唔”了一声，点头答了个“是”，抽身欲走。一个瘦猴模样的家伙用枪拦住朱德，另一个敌兵用枪口对准伍若兰，第三个敌人旋即夺下伍若兰手里的驳壳枪。“他是你们什么人?”敌人逼问道。“他是我和朱德的伙夫!”伍若兰异常镇静地答道。敌兵见朱德满脸胡须、身着普通士兵装束，觉得不像当大官的样子，也就将注意力转向伍若兰:“妈的！朱德睡在哪里?”此刻，朱德乘机提着一只小桶走出房门。

第十节　文章练习（每分钟200字）

列宁是俄国十月革命的领导人，是第一个社会主义国家的创始人。他从小性格开朗，活泼好动，经常弄坏家里的东西。列宁八岁那年，有一次母亲带着他到阿尼亚姑妈家中作客。活泼好动的小列宁一不留神，把姑妈家的一只花瓶打碎了。但是，谁也没有看见。

后来，姑妈问孩子们:“是谁打碎了花瓶?”其他孩子都说:“不是我。”而小列宁因为在生人家里害怕，怕说出实话会遭到不大熟悉的姑妈的责备，所以他也跟着大家大声回答:“不——是——我!”然而，母亲看他的表情，已经猜到花瓶是淘气的小列宁打碎的。因为这孩子特别淘气，在家里经常发生类似的事情。但是，小列宁向来是主动承认错误，从未撒过谎。

于是，小列宁的妈妈就想：应该怎样对待孩子撒谎这件事呢？当然，最省事的办法就是直接揭穿这件事，并且处罚他。但是列宁的妈妈没有这么做。她认为，重要的是教育儿子犯错误后要勇于承认错误，做一个诚实的好孩子，而不是责备他。于是她装出相信儿子的样子，在三个月内一直没有提起这件事，而是给儿子讲各种各样的诚实守信的美德故事，等待着儿子的良心深处萌发出对自己行为的羞愧感。从那以后，列宁的妈妈明显地感觉到，儿子不如以前活泼了，似乎是良心正在折磨着他。

有一天，在小列宁临睡前，妈妈又像往常一样，一边抚摩着他的头，一边给他讲故事。不料小列宁突然失声大哭起来，痛苦地告诉妈妈:“我欺骗了阿尼亚姑妈，我说不是我打碎了花瓶，其实是我干的。”听完孩子羞愧难受的述说，妈妈耐心地安慰他，说:“给阿尼亚姑妈写封信，向她承认错误，姑妈一定会原谅你的。”于是，小列宁马上起床，在妈妈的帮助下，给姑妈写信承认了错误。几天后，小列宁收到了阿尼亚姑妈寄来的回信，在信中，她不但表示原谅小列宁，还称赞小列宁是个诚实的好孩子。小列宁得到原谅后，十分高兴，又像以前一样过着快乐的日子。他还悄悄地对妈妈说:“做诚实的人真好，不用受良心的谴责。”妈妈看着儿子会心地笑了。

第十一节　文章练习（每分钟210字）

（一）

列宁上大学时开始吸烟。列宁的母亲是医生的女儿，她懂得吸烟的害处。她对儿子吸烟上了瘾感到很伤脑筋，曾多次叫列宁戒除这一不良嗜好。开始，列宁面对着母亲的劝告只是微笑着说：“妈妈，我是健康的，吸这点烟不可能造成多大的危害。”母亲疼爱儿子，她想了许多办法叫儿子戒烟，可都没有效果。后来，她终于想出一个好办法。

有一次，母亲对列宁说：“孩子，我们是靠你父亲的抚恤金过日子，抚恤金是不多的，每一样多余的花费都会直接影响到家庭生活。你吸烟虽然花费不多，但日长天久，也是一笔不少的开支，假如你不吸烟，那对家庭生活是有好处的。”那时，俄国的纸烟并不贵，母亲是为了叫列宁不吸烟才这样说。列宁听到母亲的话，很受感动。他对母亲说：“好好，您说的这些过去我没有考虑到。好！从今天开始，我不吸烟了。”列宁说完，把口袋里的烟掏出来放在桌子上，不再摸它了。

（二）

有一次，列宁发现人民委员会一个工作人员的上衣口袋上掉了一颗纽扣。列宁看到了，没有出声，走了过去。

碰巧第二天列宁又遇见了这位同志。一看，他上衣口袋上还是没有纽扣。到第三天也还是没有。只是到了第四天列宁才看到纽扣缝上了。“总算缝上了。”列宁很高兴，甚至连情绪都不知道为什么提高了。那时是国内粮食特别困难的时候，城市和工人区都缺少粮食。农村有粮食，但是农村里的有钱人——富农把粮食藏起来了。为了保证城市的粮食供应，往国内各地派出了粮食征集队。那位人民委员会工作人员，就是列宁想说他掉了纽扣的那一位，也被推举担任一个粮食征集队的队长。列宁犹豫不决。人们对列宁说：“他是个能干的人。”“是个有功之人。”“是个勤勉可靠的人。”列宁想要提纽扣的事，但没有出声。那位工作人员带了粮食征集队出发了。过了一段时间，列宁接到报告说，那位工作人员不胜任工作，他不能保证弄到粮食。不但如此，富农还把粮食征集队收集的粮食给烧了。“可是这本来是可以避免的，”人们向列宁报告说，“他没有预先提防，漫不经心，没有及时把粮食可靠地保护起来。”也有一些人庇护这个粮食征集队的队长：“列宁同志，这是偶然事故。”列宁一边听着一边在一张纸上画着什么东西。别人颇感兴趣：列宁在那里画什么？往纸上一看，只见纸上画着一颗纽扣。

第十二节　文章练习（每分钟220字）

（一）

今天我和内人携同中国国民党大陆访问团一起来到北京大学，非常荣幸。在这里首先向各位表示感谢。北京大学的现址，刚才我了解到，就是当年燕京的校址，我的母亲在三十年代在这里念书，所以今天来到这里可以说是倍感亲切。

今天，北大已经107年了，来到这里好像把我们带回到一个近代中国史的时光隧道里面去，因为在这里不但是人文荟萃，同时我们也看到一个很浓缩的整个的近代史，我看到大家，我就想到，各位今天除了各有专精之外，宏观的思维一定是跟各位在这个校园里面那些服务过的前辈先行们一样。

大家还要想一个问题，中国的未来到底在哪里？我们要选择的到底是哪一条路？当然，在找寻答案的时候，找寻这两个问题的答案的时候，我们都知道，历经曲折，历经挑战，我们走了不少的冤枉路，我们得到了多少的惨痛的教训，这些都是非常困难的事情。

但是身为一个知识分子，我相信大家都有这种百折不回的决心和勇气。因为在各位的肩膀上，要担负的就是要为历史负起责任来，要为广大的人民来找出路。

如何能够让整个的中华民族不要再走上战争和流血，如何能够让和平来实现，如何能够提升我们人民的生活水准，如何能够维护和不断提升我们国际的竞争力，这些重担都在各位的肩头上，一肩挑起来就是现代知识分子的一个伟大的格局。

用什么话来形容这样的格局和勇气，来带领我们到一个正确的历史方向和目标，我想了再想，把它归纳成十二个字，那就是希望各位能够“为民族立生命，为万世开太平”。

虽然还有一点老古板，好像太古董一样，但毕竟是我们老祖先心血的东西。用现代的话来讲，我想这十二个字可以缩减成八个字，那就是大家一定要“坚持和平”，我们大家一定要“走向双赢”。

当然有人会问我，你的勇气不小，你的基础在哪里，我要在这里跟各位坦白。

我认为这个基础在哪里呢？在于历史的一个潮流，在于民意的一种驱动。历史的潮流、民意的驱动让我、让许许多多的人有这样的一个勇气。

什么是历史的潮流？大家都知道，中国国民党、中国共产党都以中国的富强、康乐为目标，但是不幸被日本铁蹄的侵略阻碍了，终止了这个国家文明的建设以及现代化的进程。

抗战胜利之后，国共两党对于国家所应该走的总路线又有不同的看法，它的结果是以内战的方式来解决。因此到今天，一个台湾海峡，一条海峡阻隔了两岸，不晓得阻隔了多少的家庭，造成了多少的不幸、哀怨，尤其还形成了若干民族之间的嫌隙，一直到今天回荡不已。

但是我们也看到，在这样一个历史的中间，关键的人物在关键的时刻做了关键的决定，扭转了关键的历史的方向，这是惊天动地了不起的事情，形成了一个新的趋势，一个新的方向，我在这里特别要提到，就是蒋经国先生和邓小平先生。

蒋经国先生在经济发展之后，更进一步推动了他民主化的工作，所谓政治民主化的工作，包括排除了这种所谓威权的政治，奠定了一个政党之间，政党互动的一个模式。甚至于再进一步开放了党禁、报禁，取消了戒严，同时也促进了两岸人民，尤其是大陆，很多老兵返乡来探亲，在历史的时刻扭转了这个方向。

小平先生开放改革，大家看一看，不但转换了文化大革命的方向，深化地、全面地提升了人民生活的水平，这都是跨时代的、了不起的作为。

小平先生讲到，改革开放的路线要管一百年，用他四川的话讲“动摇不得”。没有动摇，今天大家看一看，大陆的经贸的发展，经济的成长，可以说样样都是名列前茅。

（二）

主持人：胡锦涛总书记，您好！我们知道您非常关心互联网的发展，关心人民网的发展。今天您亲自来到强国论坛，我们版主和网友都非常激动，深感荣幸。请您跟我们的网友说几句话吧。

胡锦涛总书记：朋友们，大家好！今天有机会在网上和大家交流，我感到非常高兴。首先，我要借此机会，向网民朋友们表示诚挚的问候和良好的祝愿。

主持人：感谢胡锦涛总书记对广大网友的问候。网友得知您来到强国论坛，他们纷纷上帖，有的网友向胡锦涛总书记表示感谢，还有的给您提了一些问题，我挑几个问题给您念念，请您和网友作个交流。有个叫“大好河山美如画”的网友问：总书记，您平时上网吗？

胡锦涛总书记：虽然我平时工作比较忙，不可能每天都上网，但我还是抽时间尽量上网。我特别要讲的是，人民网强国论坛是我经常上网必选的网站之一。

主持人：还有一个叫“快活三”的网友问您：总书记，平时您上网都看些什么内容？

胡锦涛总书记：平时我上网，一是想看一看国内外新闻，二是想从网上了解网民朋友们关心些什么问题、有些什么看法，三是希望从网上了解网民朋友们对党和国家工作有些什么意见和建议。

主持人：还有一个叫“小火龙”的网友问：总书记，网友们在网上提了不少意见和建议，您能看到吗？

胡锦涛总书记：网友们提出的一些建议、意见，我们是非常关注的。我们强调以人为本、执政为民，因此想问题、作决策、办事情，都需要广泛听取人民群众的意见，集中人民群众的智慧。通过互联网来了解民情、会聚民智，也是一个重要的渠道。

主持人：谢谢总书记。各位网友，因为胡锦涛总书记接下来还有其他活动，在强国论坛同大家的交流就到这里。

胡锦涛总书记：因为时间关系，今天不可能和网友们作更多的交流。但是网友们在网上发给我的一些帖子，我会认真地去阅读、去研究。最后，我要借这个机会，祝愿网友们身体健康、工作顺利、阖家幸福！谢谢。

主持人：代表网友，谢谢您！

附录1　中外文飞耀速录器使用说明

一、中外文飞耀速录器的作用

任何计算机插入中外文飞耀速录器即可实现双手并击。

二、中外文飞耀速录器的特点

1. 无须输入密码，无须安装，即插即用。

2. 速录器已做成只读方式，拒绝任何信息写入，因此为绿色、无毒、防毒设备，用户可放心使用，不染毒、不传毒。

三、中外文飞耀速录器的使用方法

插到计算机 USB 接口即可使用。插入速录器后，桌面下方的任务条中会指示“发现新硬件”，同时会出现闪存标志。

打开“我的电脑”，出现一个名为“飞耀速录”的盘符，双击此盘符，出现如下内容：

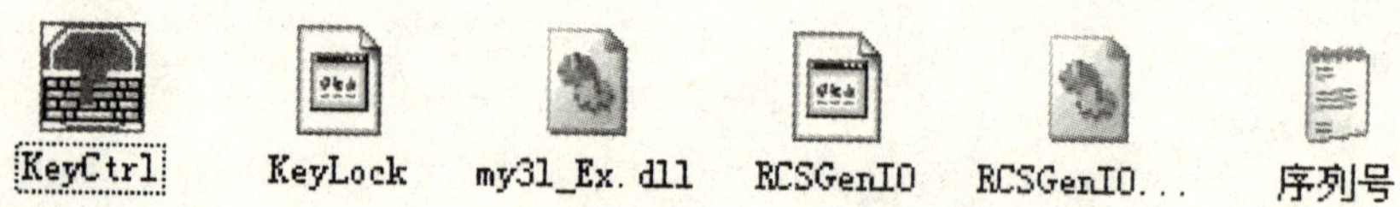

其中为飞耀速录的图标。双击，桌面右下方会出现一个同样的图标，如下图所示。

此时，计算机键盘即可双手并击了。

四、试验双手并击

打开 word 文件或记事本文件，输入法选择英文状态，确认是在飞耀速录状态下，同时按 JK 两个键，会出现 a 字，即说明双手并击软件正常工作了。也可以左手按 A 键，同时右手按 JK 键，双手并击，可打出 aa 两个字符，验证双手并击有效。

注意：在双手并击状态下，计算机原来的所有功能不变，对原来的单键输入毫无影响。

五、退出飞耀速录状态

用鼠标右键点击桌面右下角的飞耀图标，在弹出的选项中点击“关闭窗口”，可退出飞耀程序；点击“显示窗口”，出现对话框，此窗口内可作试打，其他设置为默认。

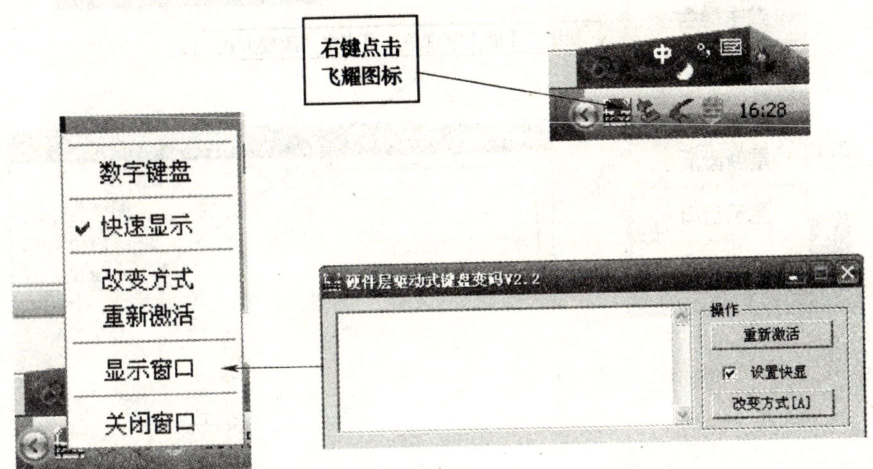

六、中外文飞耀速录器的退出

用闪存的正常退出方法退出。

七、中外文飞耀速录器的保护

1. 避免摔、打、砸、压。

2. 防水、防潮。

3. 如不长期使用，可取下保管，不要使速录器长期带电。

八、速录器应用时的注意事项

1. 应用某种输入法时，如不能双手并击，可把速录器暂时退出，先启动输入法后再启动飞耀速录。

2. 在QQ或MSN中如果不能打字，用鼠标右键点击桌面右下角的飞耀图标，在弹出的选项中点击“改变方式”即可。

九、几个有用的键的定义

删除键：左手V+B　右手H+J

符号键：O+P=！　L+；=？

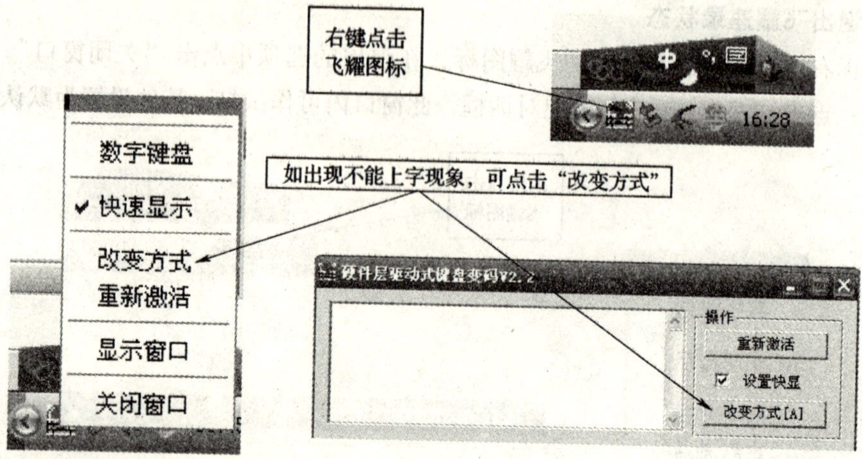
右键点击
飞耀图标
中
16:28
数字键盘
快速显示
改变方式
重新激活
显示窗口
关闭窗口
如出现不能上字现象，可点击“改变方式”
硬件层驱动式键盘变码V2.2
操作
重新激活
设置快显
改变方式[A]

附录 2　飞耀看功软件使用说明

一、看功软件的作用

看功是速录看打中不可缺少的基本功之一。

在速录中，提高看文字的速度就可以大幅度提高录入速度。如果一个字一个字地阅读，不仅会破坏手的连贯性，还会感到看字的速度赶不上手的速度，看得慢，打得快，时间耽误在阅读上。如果一眼能看准一个词条（4～8 个字）或看准一个短语，则打起来就连贯，就有了节奏感。在打英文和数字时，不能两个字符两个字符地读，要求一眼看准一个词条或一串数字，为解决此问题，要加强整串阅读能力，飞耀看功软件可以快速提高整串阅读的能力。

看功软件的原理是：瞬间显示一串文字，刺激人的右脑，用图像记忆的方法记下文字串。开始由记忆 5 个字符串练起，反复练习，右脑的记忆力会很快提高，逐步可记住更多字符串。英语看打练习到 12 个字符串就可满足打一般词汇的要求，数字看打练习到十位数即可。

二、飞耀看功软件的使用方法

1. 打开飞耀看功软件文件夹。

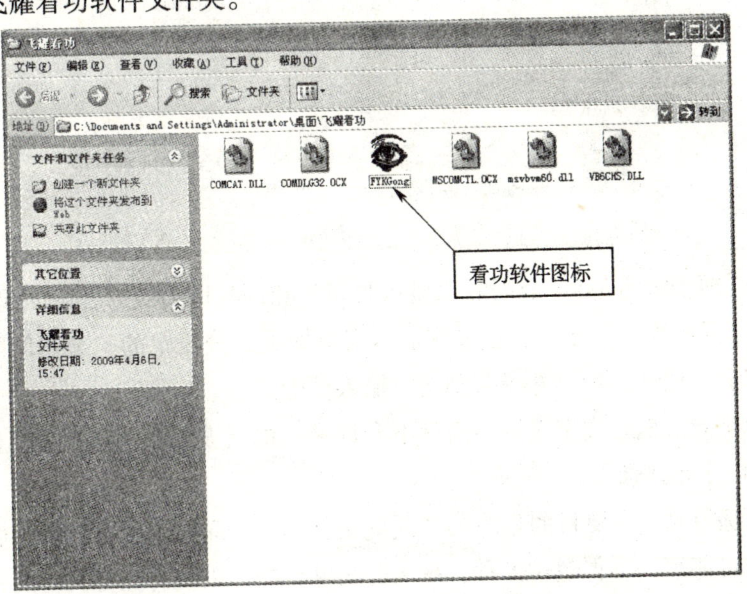

2. 双击看功软件图标，出现如下图所示的界面。

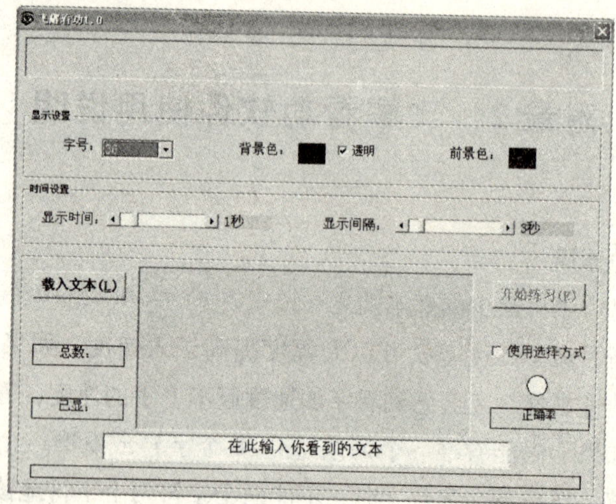

3. 界面中有“显示设置”及“时间设置”，可以选择适当的字号和时间。

4. 载入文本。点击“载入文本”按钮，在出现的界面中选择要载入的文件。

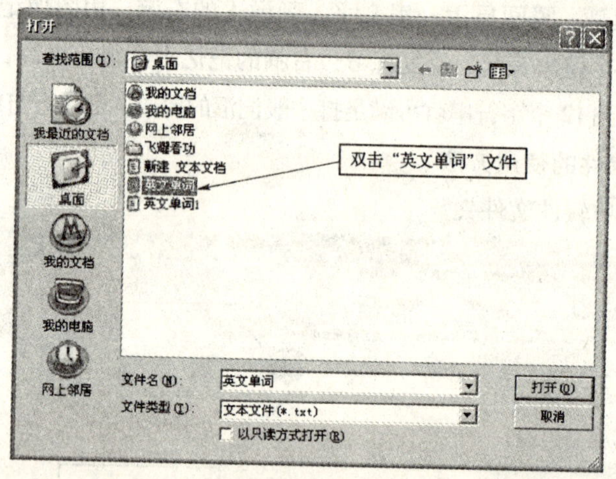

5. 设定“两个时间”：每个词的“显示时间”和词与词间的“显示间隔”。

6. 点击“开始练习”按钮，在文字显示窗口即看到按设定的“显示间隔”显示的文字。看到文字后，记在心中，并录入到文字输入框中。

注意：文字录入框在文字显示期间是不允许录入的（显黑屏蔽），文字显示间隔期间（输入框返白）才允许录入。

用此方法练习时，主要目的是练习“瞬间记忆力”，而不是练习记录速度，因此“显示时间”要尽可能短，不得超过1秒，录入时间可长些，以便有充分的时间录入。

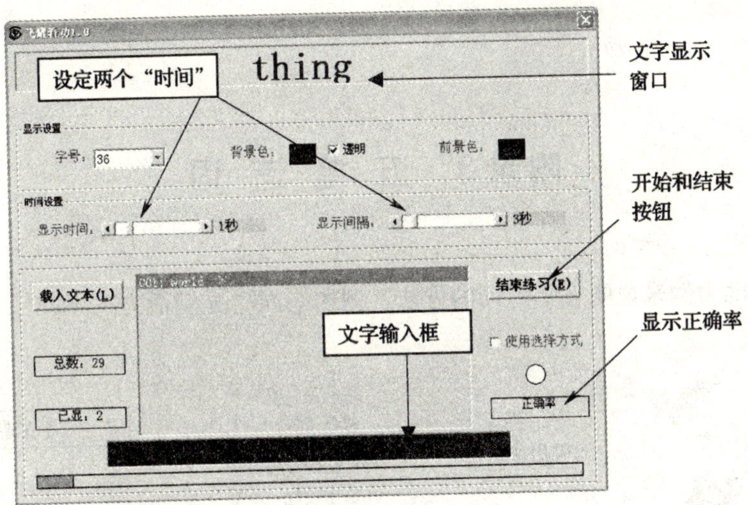

完全阅读完后，软件会自动显示录入正确率。

7. 用四选一方式检验词串记忆力。

勾选"使用选择方式"，设定"显示时间"和"显示间隔"后，点击"开始练习"即可进入四选一方式，在这种练习方式下，显示词串后界面给出四个答案，刚显示的词串就在其中，供学员用鼠标选择，这种方式适合在不便于打字时练习。如不用鼠标，也可输入对应的选项（A，B，C，D之一）。

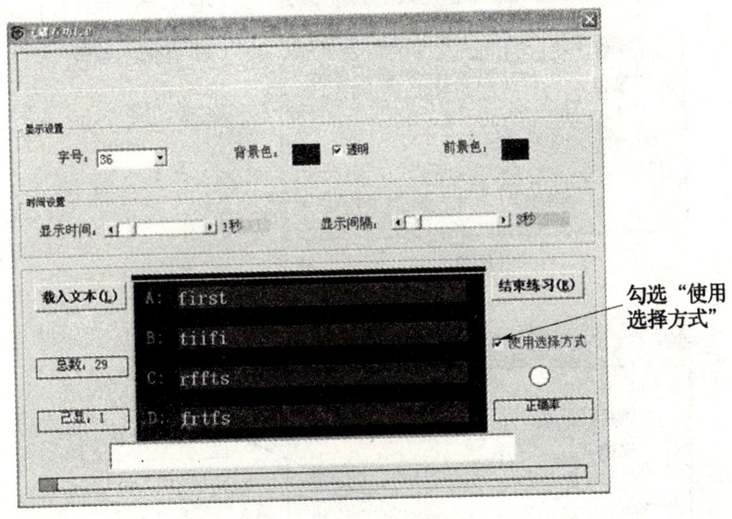

附录3 五 笔 造 词

以经典五笔为例来说明五笔造词的方法。例如造词“充满活力”→yiil，步骤如图1～图4所示。

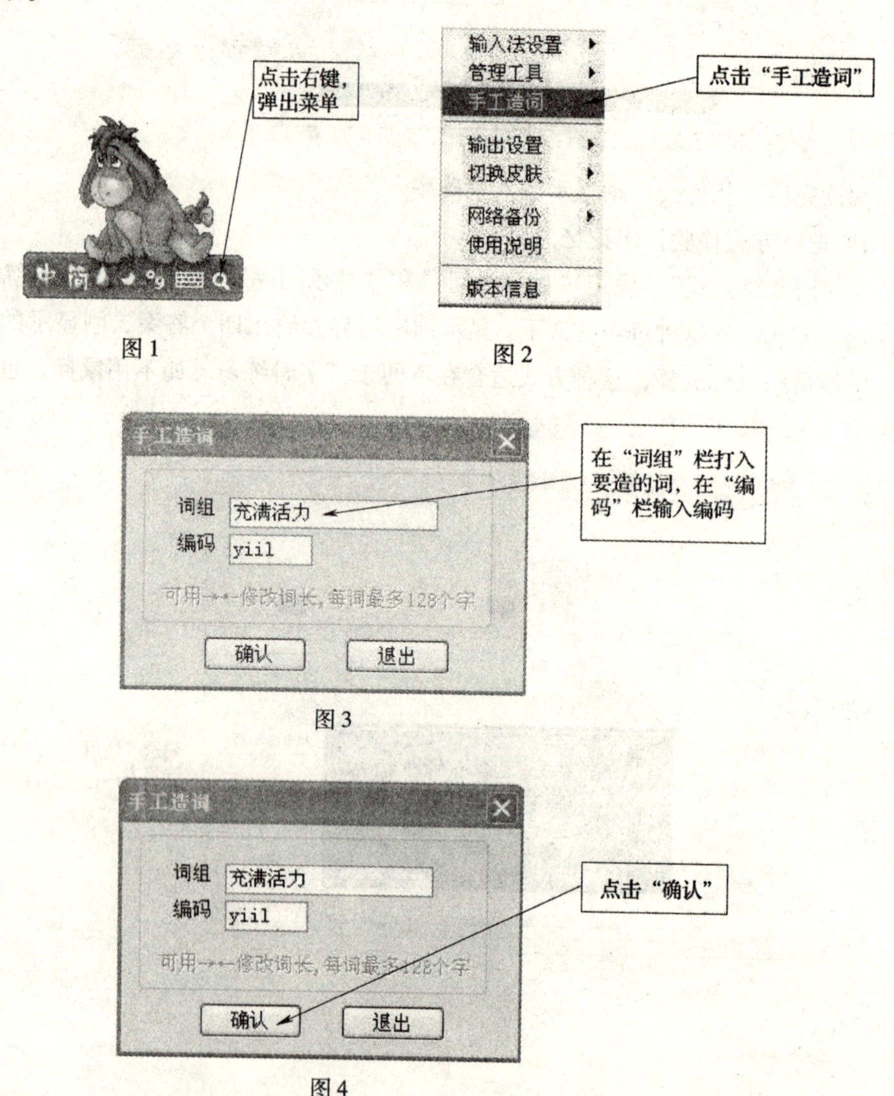

图1

图2

图3

图4

附录 4　五笔词库的导出、导入方法

一、五笔词库的导出方法之一

当要新安装机器时，或是要换一台机器录入时，需要把原来自己积累的词库导出。

以极点五笔为例，操作步骤如下：

1. 右键点击五笔输入法图标。

2. 点击“管理工具”，选择“词库生成与维护”，在出现的界面中点击“用户词库”中的“导出”。

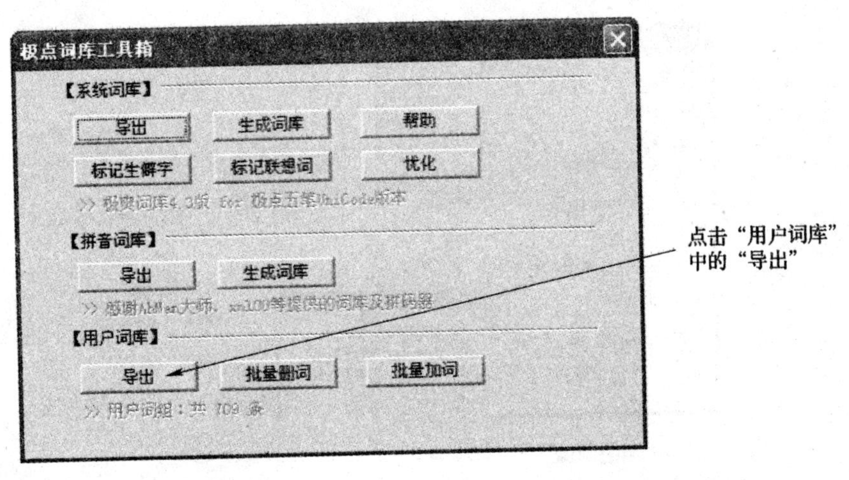

在弹出的信息中会提示用户词库已导出，并显示导出目标地址，点击“确定”即可。

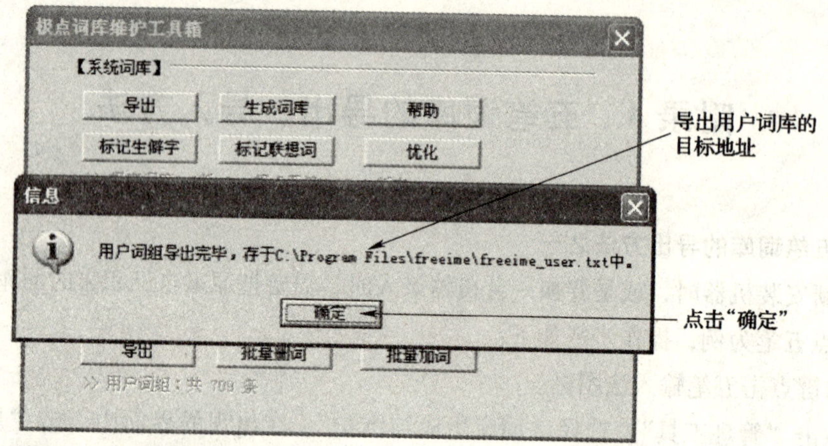

二、五笔词库的导出方法之二

1．右键点击五笔输入法图标。

2．点击“管理工具”，选择“编辑用户词库”，即打开用户词库，对词库内容进行“全选”。

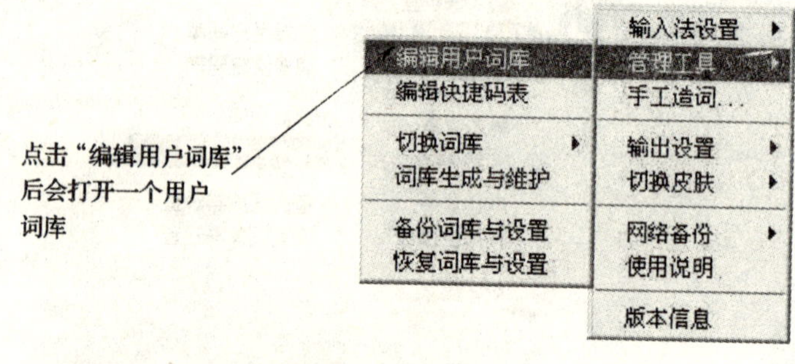

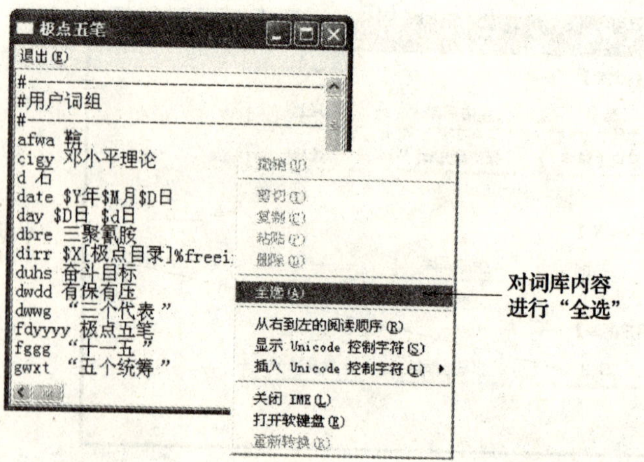

3. 在C盘或桌面上新建一个txt文本，把“全选”的内容粘贴进去，另存为新文件，此文件即是新导出的词库。

三、五笔词库导入方法

1. 打开要导入的词库文件并复制要导入的词库内容。

2. 右键点击五笔输入法图标，在弹出菜单中点击“管理工具”，选择“编辑用户词库”，打开当前要使用的词库。

3. 全部删除现有词库的内容。

4. 把已复制的“待导入词库”的内容粘贴到刚清空的词库中来，然后存盘，即完成导入。

附录5　重码五笔字练习

慝 萁 蓐 基 斟 蓁 芸 芰 鞋 鞲 葑 鞔 著 蓍 靳 菱 芙 藿 芷
苜 萍 莎 幕 暮 摹 菖 堇 茄 茴 匝 萜 黄 芮 艺 芑 荚 菪 萱
薛 敬 茗 菟 苛 警 苈 获 荻 鸢 茑 荇 莛 菇 薅 茹 苕 苍 荟
茌 薛 恭 莅 萑 蓠 蘑 蘼 子

了 院 陶 孤 阪 除 孩 陔 颈 到 骁 矛 骜 蟊 鹬 瞀 蝥 又 难
雅 大 厦 孱 髻 鬓 髫 匏 砖 瓠 研 厨 礓 戊 慧 戚 耘 非 悲
翡 斐 碍 鹌 鸸 砜 矾 万 尤 九 牵 砍 鸪 原 碑 鹣 硷 聋 碎
孕 孚 肽 肫 肠 妥 舀 脏 截

盍 埃 去 云 支 封 坏 垣 矗 趔 赴 盐 垆 赵 趱 真 霄 霪 埋
埘 堤 斡 喜 嘉 囍 熹 堀 圯 圮 觌 彀 觳 坞 均 圪 耋 幸 瑾
致 臻 吞 王 环 琴 丕 孬 芈 璟 璐 柬 赖 鬲 豇 珮 现 邴 两
璀 与 瓦 戬 垩 麸 綦 鳌 敖

殄 餮 郏 虚 上 瞿 颀 瞍 齿 龉 龀 龆 龇 漭 淇 滢 泽 湖 洧
涯 溽 汲 涿 汗 汁 滇 洁 滤 濒 涉 渺 沾 水 淼 裟 鲨 挲 渴
滑 洞 测 漏 汤 淙 浣 泻 渲 淀 赏 党 觉 鲎 潴 湟 湮 渣 淋
溧 鋈 洫 溯 沼 洳 浍 举 誉

雀 流 鎏 济 浏 洲 漩 浒 淬 淤 蚶 螨 晓 蛲 蛏 竖 晴 蜻 匙
量 晃 晁 帅 晚 冕 蝗 蚯 晰 蜥 昇 戥 星 昨 蚱 晷 蝮 鉴 览
蝉 蝙 螊 旻 嗒 嘀 喊 嗄 哮 嘟 嗜 吴 嗝 嗽 嚎 唬 跷 蹒 跆
跨 蹰 踌 跖 踩 蹈 跬 趼 遗

遣 跋 跚 踞 跽 跑 趵 踬 跌 踵 路 踟 躜 踽 蹲 蹭 踣 跤 躐

啮 跄 跗 蹬 趴 蹁 踱 躔 踮 蹴 器 嚣 鹗 品 口 嗯 咯 嗙 哗
噙 呤 噍 轻 畴 转 黑 黩 默 黝 团 辅 圃 辆 车 四 皿 贺 轵
田 鸭 轶 略 辂 轾 贼 骷 髀

赇 赋 岍 屿 幅 帻 幔 由 贝 山 岗 岚 刚 刿 网 峤 屹 异 羿
惜 懂 怯 忮 慰 悻 惧 愠 忡 翀 辟 譬 甓 臂 襞 劈 璧 己 巳
书 已 快 羽 屐 忏 忤 尾 屣 屦 惮 憧 悦 怍 昼 忙 心 翠 悴
以 烘 糊 煳 炳 焗 熠 火 燔

塞 额 褚 襦 褫 衽 裥 寝 裕 袷 裣 祼 褊 窄 窖 窨 祜 祚 希
铈 锾 鳓 钝 鲔 铺 镛 钙 鲈 鲇 鲁 鲤 鲥 鲣 镉 鲍 鲜 鳟 鲛
鳊 鲚 鲂 钰 钊 刈 钟 铝 锷 馍 钮 钇 钆 锔 饲 饱 饩 饫 饪
饷 饿 铋 馐 饺 镏 钓 刹 镡

猢 猫 獾 狲 猢 獗 锆 铤 锤 锺 狸 猬 猥 狰 獬 狍 锇 獯 獐
狡 獍 犰 狳 皱 锼 铪 飧 镌 钤 铱 镶 久 勺 鸟 岛 凫 镞 镰
贸 撒 措 描 搽 拱 择 抬 摊 瓜 瓞 拜 皋 挎 翱 扰 援 拮 抟
扶 擢 搏 捕 兵 年 攫 掉 拈

撮 捏 捍 担 揭 摆 舞 罅 制 帛 摧 搌 氰 握 扬 氡 拨 氧 氛
擢 抉 拟 氦 皖 控 挖 魃 魑 鬼 魅 撸 掏 欣 扳 皈 逝 魄 白
捭 拆 揸 托 括 郫 扦 卑 捶 手 播 皤 斤 捌 拌 抖 撙 搁 挪
热 揄 拾 挫 擒 拎 推 捻 掼

指 搦 掂 捩 敫 掖 械 栋 枢 柩 柽 梭 枯 柘 橱 橛 桂 樗 票
柰 瓢 标 桔 檑 楮 桎 本 西 酵 酐 酎 酽 醒 桓 醍 梧 酲 配
醑 醪 朽 桠 酩 酊 酢 酷 酪 酶 枰 醅 酚 酯 栌 桃 桄 榀 哥
枳 札 杞 杰 粟 槔 柝 彬 焚

木 杵 桁 椆 樽 榇 梯 桧 檎 柃 榫 桩 篚 箕 筐 矩 榘 短 知
乱 适 筹 矫 敌 雉 矧 租 徂 舰 舾 舴 艟 舫 舣 舷 街 待 行
稹 午 竿 篝 秸 鹄 氇 氆 毳 迁 迕 先 赞 箸 乖 笄 簌 牌 咎

鼻 劓 鼾 息 得 笪 稞 复 积

雒 囱 囟 衅 躺 徽 微 黴 秘 番 愁 悉 衡 稀 衔 黧 特 徨 牾
我 稗 牲 牿 牧 笔 笙 竹 秭 第 禾 简 箪 矗 税 剩 稚 鳖 繁
毓 敏 稿 篙 簇 疟 疗 疖 塑 痉 卷 郑 羟 瘛 阉 羯 羞 翔 疣
痨 送 阏 鄯 善 羚 眷 养 前

斗 半 闰 闩 辣 竦 癞 凄 赣 总 兑 竞 瞥 鳖 敝 飒 决 酱 浆
瓷 恣 次 疢 尊 猷 遒 奠 酋 首 痄 阐 瘴 阀 痊 阕 凝 鹚 痒
辛 丬 瘀 阏 妪 即 妤 媛 垦 媾 嫱 逮 逯 妙 鼷 鼬 姓 姊 姘
娣 女 刃 丸 嬗 垡 供 仔 佴

颂 翁 俊 傩 估 仨 佰 俦 仁 仕 祭 佘 僖 传 傅 倩 愈 毹 佥
敛 凳 颌 使 债 俪 佤 倏 倡 偶 侗 似 你 叙 仫 侨 任 赁 仵
仟 凭 恁 傻 斜 佟 颁 岔 侩 坐 傺 俭 偷 众 人 僬 翎 瓴 隽
依 储 隼 信 佳 贪 颔 念 鸺

集 俯 雠 经 弪 织 缌 纳 幻 纪 纸 疑 肄 纤 绗 绺 纥 纫 纨
给 缘 丝 毙 皆 弦 谨 廑 邝 邡 序 谲 计 讦 讲 识 颃 高 讷
讯 词 永 启 羸 蠃 羸 嬴 扁 遍 刻 谧 肇 劾 颏 廖 诀 谬 雇
毫 亳 诧 底 诋 麻 靡 麽 磨 縻 许 庭 旆 旎 旌 州 详 谀 谕
鹰 谶 谁 壅 堃 方 议 谇 言